社会主义核心价值体系建设
"双百"出版工程
项 目

/100位

新中国成立以来感动中国人物/

罗 映 珍

黄晓萍/著

★

吉林文史出版社

《100位新中国成立以来感动中国人物》丛书

★★★★★

编　委　会

主　任　　何建明　蒋建农　高　磊

副主任　　孙云晓　徐　潜　张　克　王尔立

编　委　　王久辛　杨大群　黄晓萍　申　剑

褚当阳　刘玉民　王小平　相南翔

夏冬波　刘忠义　高　飞　陈　方

阿勒得尔图　陈富贵

前 言

　　每个人的心中都多少有一点英雄情结，都向往英雄、景仰英雄。也正因此，在中华人民共和国建国六十周年之际，由中央十一部委联合组织开展的"100位为新中国成立作出突出贡献的英雄模范人物和100位新中国成立以来感动中国人物"的评选活动中，群众参与投票总数近一亿。这其中的每一张选票，都表达了人们对英雄模范的崇敬之情，寄托着对伟大祖国的美好祝福。

　　一个民族不能没有英雄，否则这个民族就不会强大。当国家危难之时，懦弱者选择了逃避、妥协甚至投降，英雄们却挺身而出，用热血捍卫民族的尊严，人民的幸福。在创立和建设新中国的伟大历程中，涌现出无数可歌可泣的英雄模范人物。他们之中，有为了民族独立和人民解放而英勇牺牲的革命先烈，有为了党和人民的事业而不懈奋斗的优秀共产党员，有在全民族抗战中顽强奋战、为国捐躯的爱国将士，有英勇杀敌的战斗英雄和革命群众，有积极从事进步活动的著名民主爱国人士和国际友人……他们是民族的脊梁、祖国的骄傲，是激励全体人民团结奋斗的精神力量。

　　《100位新中国成立以来感动中国人物》丛书，就像一部星光璀璨的英雄谱，真实、完整地记录了英雄模范人物不平凡的一生，再现了他们非凡的人格魅力和精神世界。舍身堵枪眼的黄继光，拼命也要拿下大油田的王进喜，中国原子弹之父邓稼先，新时期领导干部的楷模孔繁森……一串串闪光的名字，一个个动人的故事，犹如群星闪烁，光耀中华。

　　当今中国正处于伟大变革的时代，迫切需要涌现出一大批勇于承担历史使命、为祖国和人民奉献一切的先进人物。在"双百"人物崇高精神的引领下，在建设社会主义现代化国家的征程中，必将英雄辈出。

生平简介

罗映珍（1979—　），女，汉族，云南永德县小勐统镇大龙潭人，中共党员。

罗映珍是边疆民族地区第一次成立计划生育服务所的首批通过正规教育培养出来的、具有大专学历的医护干部。自1998年8月分配到小勐统计划生育服务所工作以来的8年时间里，勤奋学习，精于业务，待人诚实，具有很好的亲和力。尽心尽职8年，从医生到所长，成为辖区育龄妇女的贴心人，创造出8年未出一例医疗纠纷、一例手术失败的良好业绩，成为全县计划生育服务工作全面达标的先进典型。小勐统属于山区，方圆584平方公里，5万人口分布在137个自然村，紧邻国界。辖区居民分散，从山脚到山顶层层叠叠山连着山，傣族、佤族、布朗族、傈僳族、汉族等多民族杂居，计划生育工作开展困难重重。罗映珍长年孤身行走于村村寨寨为计划生育服务，踏遍青山无怨无悔。2005年10月1日，丈夫罗金勇孤身与3名毒贩斗智斗勇身负重伤，命悬一线。罗映珍15天衣不解带抓住丈夫的手，让已被宣布"死亡"的丈夫在重度昏迷中感知妻子的呼唤。2005年11月2日，丈夫罗金勇康复希望几近为零。罗映珍不离不弃，杜鹃啼血般用上千封情书呼唤"植物人"丈夫，将大爱无疆的情操展现到极致。近2400天的坚韧顽强，创造出了一个生命的奇迹;坚守着"执子之手，与子偕老"的承诺。2007年7月，罗映珍破格加入公安干警行列，成为一名光荣的公安战士。

1979-
[LUOYINGZHEN]

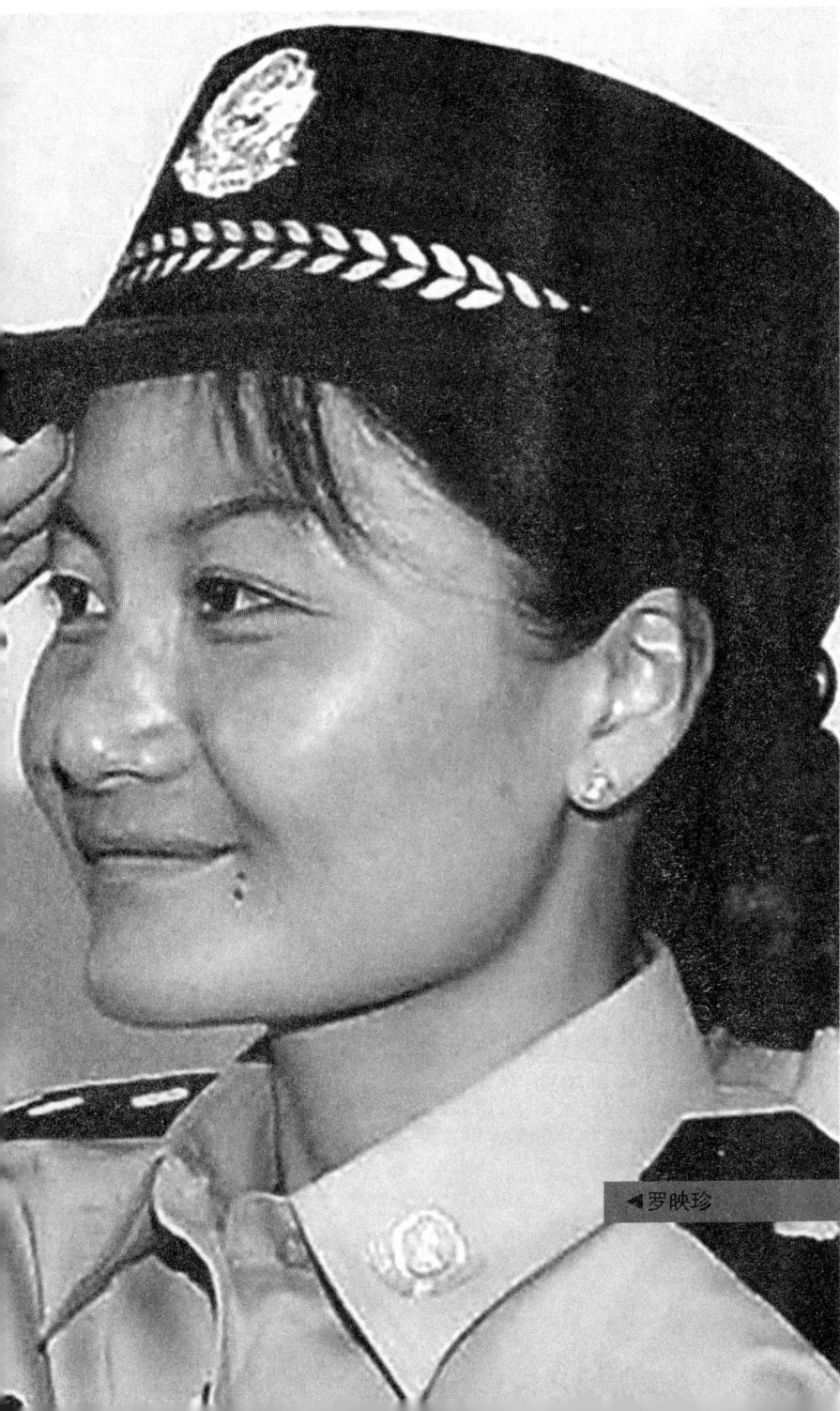

◀罗映珍

目 录 MULU

感动中国的真爱长歌(代序)

云南。横断山中。大怒江畔。湾甸河南。古驿道口。国境线旁。

莽莽林海喧闹着，纤纤小路沉默着，四季鲜花寂寞着，百鸟朝阳歌唱着，让被历史学家称为六合八荒的"夷方"神奇美丽又兼有浓浓的神秘。这里云天高，云水长，宁静的原生态意境在苍劲雄浑中具有强烈的自然崇拜，是生长神话和童话的沃土。生活在这里的汉、傣、佤、布朗、傈僳、回等各族人民，住惯山坡不嫌陡，和谐平隐中享受大自然的恩赐，沐浴着边疆地区、多民族地区政策的阳光，感恩着改革开放带来的各种实惠，放歌边陲，将神话童话赋予时代色彩，绵密深情的歌谣具有民间性和地域性，在大中华中起到不可替代的作用，可以说独领风骚。

近年，此地产生的一曲"真爱长歌"却是真人真事，一个叫罗映珍的女子感动着社会人心。她像一面镜子投射出时代最为绚丽、明净、鲜亮的风采，用一个中国传统女人最为朴素的方法，诠释着对爱人不离不弃的忠贞。

罗映珍娇小玲珑，含羞草一样平常如邻家女孩，身高1.53米的个头长着一副娃娃脸，一眼看上去是那种随时需要人保护的弱者。不曾想，她的潜质，她的能量，她的道德情操，无一不令人肃然起敬。

罗映珍的人生并不复杂。

在做山区计划生育服务工作的8年里，她克服着农村少女的羞涩，耐心细致地将国家的计划生育政策传到千家万户，让贫困封闭的山区农户，从被动到自觉接受优生优育观念，颠覆着民族传统的多子多福心理，直抵育龄妇女的生命之门，创造出手术无一失败的奇迹，为边疆民族地区的计划生育工作，奉献出了少女的花季。

罗映珍所处的环境风光旖旎，民族众多，风物奇特，风俗迥异，风姿秀逸，祥和宁静，令人流连，宜于人居。可是，紧邻毒品王国"金三角"，缉毒任务繁重。罗映珍的丈夫就是一名在缉毒前沿出生入死保平安的缉毒英雄。

2005年10月1日，罗映珍的丈夫罗金勇孤身于荒岭与3名毒贩搏斗，生擒毒贩的同时，身负重伤，命悬一线。罗映珍寸步不离地守候，罗映珍上千封情书，声声呼唤不见明显生命体征的丈夫，永不疲惫地在丈夫毫无知觉的耳边重复着：

"只要你还有一口气，我就有信心来完成两个人的承诺，执子之手，与子偕老。"

在2000多个日日夜夜，罗映珍唤醒了丈夫。6年过去了，罗映珍永不放弃，悉心照料，用真爱坚守，用深情呼唤，苦苦祈盼，热切等待。罗映珍忘却二月杏花八月桂，三更灯火五更鸡，用"真爱无悔"谱写了充满律动、弥漫真情的爱情颂歌。

胡锦涛总书记看到他们事迹的报告后，作出重要批示：道德力量是国家发展、社会和谐、人民幸福的重要因素。他们的感人事迹弘扬了人间真情，体现了中华民族的美德，是践行社会主义荣辱观的优秀典型，要进行重点宣传。

6年半过去了，罗映珍带着丈夫从永德县医院、临沧市医院、昆明云南省第一人民医院、北京宣武医院、昆明军区总医院辗转求医。在党和人民的关怀下，在众多医务工作者的努力下，在罗映珍永不放弃的执著中，罗金勇度过了生命垂危期、"植物人"昏迷期、生命体征逐渐恢复的康复治疗期。当丈夫用颤抖的准确度极差的手写出"老婆我爱你"的歪歪扭扭的心语时，罗映珍回答丈夫一句母亲般的赞语："宝贝，你真棒！"

俗话说：夫妻本是同林鸟，大难来时各自飞。这句俗语，在罗映珍身上显得太无斤两，她用实际行动为我们展现出来的是："甜蜜也许不是爱情的标尺，艰难才能照映爱情的珍贵。"

"感动中国"推选委员刘姝威对罗映珍这样评价：谁说久病床前无贤妻，罗映珍用行动告诉我们，爱是这个世界上最伟大的力量。

"感动中国"推选委员王晓晖在推荐罗映珍的时候这样写道：苦难磨砺爱情的坚强，爱情总因苦难而显光芒。她不仅唤醒了丈夫，也唤醒了许多人在这纷杂时代中对内心情感最深处的考问。

对罗映珍的高尚品德，党和人民给予高度评价，先后授予罗映珍各种荣誉：

云南省先进工作者；

云南省三八红旗手；

云南省五一劳动奖章；

云南省孝老爱亲道德模范；

云南省云岭优秀职工；

云南省十杰青年；

2006年感动云南十大人物；

全国模范公安民警家属；

全国三八红旗手；

全国五一劳动奖章；

全国孝老爱亲道德模范；

2007年感动中国十大人物；

建国60周年感动中国100位人物。

性格是这样形成的

→ 童年记忆

★★★★★

　　1979 年农历九月十九，正是农事大熟大收的日子。小勐统大龙潭湾甸村 25 岁的农妇李正美，白天还像男子汉一样在田间劳作。这是一个缺少壮劳力的家庭，丈夫远在乡上的供销社工作，长年不在家，李正美带着一岁多的儿子盘农田，她指望不上谁。收工已是初更后，忙完吃食，喂好昏天黑地吵食的猪，关好鸡鸭。已近子夜，腹部一阵阵疼痛，李正美知道又一个孩子要赶来叫她阿妈了。

　　家中没有人手，单家独户住村尾，才一岁多的儿子是使不出门叫人的。李正美忍着疼痛踏着月色，叫来同村的大嫂相帮着接生。这是李正美的第二个孩子，此后再没生育，这在那个年代的山区民族地区，算得上计划生育的典范性人物。女孩白净红润，一双圆溜溜的大眼睛见谁都笑，人见人爱，小名阿林，大号罗映珍。乡亲们都说这女孩长得喜气，落生"干部"家庭命运极好。母亲李正美却隐隐中有一丝忧虑：山区人说女子属羊命不济，出生的时辰又属虎，羊落虎口，这孩子命运坎坷。她决定粗养女儿，从

△ 罗映珍兄妹

小让阿林多些磨砺，并不娇惯，让长阿林一岁的儿子带着妹妹放野马。

罗映珍还不满 4 岁的那个夏季，摆脱哥哥的管束，与堂姐跑到村边的龙潭学着大人洗衣服，深水淹没了她的整个身子和头发，几个气泡一冒就什么动静都没有了。堂姐以为罗映珍在跟她淘气闹着玩，笑叫着"阿林小妹你出来！"堂姐死活叫不答应阿林，一时慌了手脚，正准备跳下龙塘去"找"阿林，一双大手抓住了她。

传说龙潭里住着龙王，龙王爱吃孩子，以前曾淹死过孩子。这个叫李国伟的大小伙，村人叫他"老伟"，老伟衣服鞋子都来不及脱，就扎进水中去救人。龙潭是个锣锅状，越往里水越深，好不容易找着阿林托出水面时，阿林呛了一肚子的水，小腹凸凸如铜鼓，人事不省，都以为阿林已经死了。赶来的二奶奶摸摸阿林的鼻息，觉得还有一点指望，将阿林放在大石头上控水。阿林口中一股股浑水冒得人心疼，最后冒出的是中午吃进去的红豆酸菜包谷饭，见者无不心痛。

骄阳似火，阿林在大石头上渐渐晒成了一只大青蛙。哭出声来的同时，阿林记住了这位救命大哥，蒙眬中有了感恩意识，似乎也同时体会到生命的脆弱，死亡的恐怖。珍惜生命、尊重生命的概念，定格在了她不满 4 岁的记忆中。

坚韧从祖父 善良从母亲

★★★★★

　　罗映珍出生地的大龙潭湾甸村，在50年前还是一片大荒地，没有这样的地名。地处大怒江流域的三条小溪汇合口，是个两地三县的鸡鸣三界地，历史上曾经是古驿道上一个隘口。早在唐宋年间，邻县云县的茶叶从古道上运往缅甸，是西南边陲最早通往境线的国际大道，俗称茶马古道。赶马人每逢跨过三江水时都会打尖歇息唱情歌：

　　　　豌豆开花四寸藤，

　　　　赶马阿哥要出门。

　　　　三个石头搭个灶，

　　　　就地挖个洗脸盆。

　　　　有心找个小阿妹，

　　　　枉费多少冤枉情。

　　　　阿妹若是心疼我，

夜晚给哥留个门。

无论赶马哥多么地动情，都免不了孤独的无奈，他们几百年叫不开一户人家。

这个地方的山型很有个性，横着长竖着也长，长得上穷碧落下黄泉，非常伟岸还放荡不羁。一望无际的大山林壑敛云而形成翻翻滚滚的云海，山岳在云海中如孤岛，滋养出一年四季立体性气候，乱了节令。深埋谷底的"雾露坑"不宜人居，《三国演义》中诸葛孔明口头的"瘴气"，就出在这

△ 美丽边陲

种地型这个地带。瘴气地多发疟疾、风湿、湿热等疾病，人是望而生畏的。但这种地方往往相对平坦，水源充足，土地肥沃，气候热湿，阳光很好，经营得当，一年四季都有收成。

罗映珍家世代贫农。

祖父罗正明在六十年前解放边境的革命年代里，是"边纵"（共产党领导的革命武装游击队）依靠的积极分子，为支持边境解放，做了许多有益于革命的事。罗正明解放后没有选择投身革命阵营当干部，是他割舍不下一家老小，死守罗家寨仍然当着土地改革积极分子，分得胜利果实，第一次有了属于自己的土地，他很满足。罗正明为人正直勤劳又见过些世面，被选为村干部深得人心。

上个世纪 50 年代，罗家寨和平安宁人口增长速度过快，贫瘠的山地养活不了众多人口，有人开始往境外缅甸搬迁，罗正明觉得不妥。为给乡亲多留一口食，他首先想到盘活山下那片"雾露坑"，只身下山盖了间茅草房，将半是沼泽半是茅草的大龙潭周围的土地，三年生荒变熟地，三年熟地变良田。罗正明一家带头异地搬迁，在没有一分钱的政策补助情况下，逐渐形成了一个村落，解决了 70 多户人家近 300 余口人的吃饭问题，很有些开拓精神和前卫意识。当时谁都不看好罗正明的行为，在封闭落后中生存的人们，认为他这是在跟山神意志对着干，会招"天杀"。观察几年下来，见罗正明一家安然无恙，才纷纷追随罗队长下山来。

垦荒的艰难，罗正明没少跟后人讲。罗正明好口才，还有点黑色幽默，苦难故事被他讲成民间故事般的演义，一股坚韧不拔的气概，锐意进取的精神，克服困难的勇气成了家风，罗正明成了孙女罗映珍心目中的"英雄"。

罗正明求生存的本领相当有感召力，一个家族40余口人土里刨食，在贫穷落后的山区抱成团地奋斗，逐步过上温饱生活，让很多人羡慕。

△ 罗映珍出生地

罗正明的另一壮举是让家人读书明理，子女全部进学校读书，尽管没读出一个大知识分子，一家人都识文断字，在远离县政府300余里、远离乡政府100余里的边沿地，实属罕见，很受人尊敬。

生产队长罗正明的四女三子中，出了一个吃皇粮的儿子，一个当大队党支部书记的儿子。

罗正明亲手开创出来的村子，取名湾甸村，那片土地叫大龙潭，这是后来的事。这个湾甸村是写在乡政府文件中的地名，乡人习惯叫它"湾甸寨"，哪怕它现在已经发展壮大到有了小街子和哨卡，是小勐统通往邻州县的关津渡口。寨子好，寨子离原始崇拜的山神土地近，"村子"却显得水土不服。

如果说祖父是罗映珍心目中的英雄，大伯就是她心目中的好人、能干人。

罗映珍的大伯"从政"17年，党支部书记到老，仍然是个农民。而今垂钓河中鱼的大伯，在乡人的心目中仍然是"书记"。

是大伯率先从河对岸的傣家人那里引种甘蔗，让一方百姓从经济作物中换得活泛钱。是大伯将生产队的提成款积少成多，上边讨一点，发动群众凑一点，修起两座水泥大桥，解决了交通出行，并搭上邻县公路，让甘蔗能运到江对岸的糖厂卖个好价钱，遂促成蔗田连片，有规模有品牌。大伯主政相当抠门，不许接待不许大吃大喝。乡上干部来了，带回家撮一顿家常便饭，顺便把该请示的请示，该汇报的汇报，该"讨"的讨来，该争取的争取来。节约下来的经费又采取修桥的老办法，将村公所、学校都建成钢筋水泥小楼，是十里

性格是这样形成的

八乡第一家"现代化"，独立土基茅草房中，成为标志性新农村样板，好评如潮。村公所的锦旗都挂满，好有面子。

按理，大伯本应该有个身份的，党的农村政策中曾几次解决基层干部问题，大伯错过了机会。跑"关系"的时间他用来跑农户，做着百家事，是个乡间难得的家务纠纷调解人。跑来跑去族长不像，干部不像，农民也不像。直到年龄过了线，他自己都不好意思再去挤年轻人的前途，落个好口碑，也不错。

罗正明那个吃皇粮的儿子罗占全，正是罗映珍的父亲。罗占全上过初中，能写会算，在供销社工作。当时的地位高贵得很，掌握着一方的经济命脉，是中国最基层的商业机构，承担着中国最广大的农村商品经济流通重担。罗占全成为父亲罗正明之后，湾甸这个寨子里最有能耐、见过大世面的人。父亲罗占全在罗映珍眼中的形象非常精神。几个月不回家的父亲一旦回家，一身干净清爽，头戴解放帽，脚穿解放鞋，四个口袋的绦卡毛蓝制服，斜挎一个军用包，左胸口袋别一支钢笔，人生得英俊走路一阵风，田间地头的小媳妇们追着他的身影往死里瞧，如今日穷追影星的粉丝，让幼小的罗映珍觉得很有面子。

可惜好景不长。

罗映珍才上小学，父亲的身体就垮了。

很要面子的父亲背负家族的重担，婚嫁的彩礼陪嫁，孩子们读书的学费课本，整个家族的头疼脑热，他都得管。管来管去精神压力太大，得了精神分裂症，他管不了自己的行为意识，梦游、失踪闹过一阵子，乡人说是被山鬼招走了魂。

年仅30岁的母亲挑起了家庭重担，无奈中大家族解体，40余口人分成若干户。母亲面带愧色，暗中接济需要帮助的亲人，得了贤良美名，却苦了母亲。

湾甸寨子没有女人下田犁地一说。母亲李正美挽挽裤腿驾起牛，水田旱地又犁又耙，成为女把式。种田种地养牲口孩子，还要照顾长期卧病在床的父亲。罗映珍清楚地记得，每晚母亲都要爬上楼去看父亲是否还睡在床上，见父亲安安稳稳睡着，她仍不放心，用手去摸父亲的鼻子，探探这人是否还有气。

久病的父亲肩不能挑手不能提，伺候衣食，全拣好的给父亲。农村有干不完的活，里里外外一把抓的母亲，无论罗映珍何时见着，都是在干活，她不知母亲是否睡过觉。

母亲李正美长得眉清目秀，又勤劳能干，是农村人"拿"媳妇的首选，好心人劝李正美，你守着个"疯人"什么时候是个头，趁年轻你"走"得了。

母亲只是笑笑，从无怨言从不动心，坚守着这个时好时坏的丈夫，她把爱给了每一个人，把希望寄托给一双儿女。6 岁多的儿子已经会放牛，5 岁多的女儿已经会煮饭找猪食，她觉得日子很有盼头。

→ 农家的孩子早当家

★★★★★

湾甸河谷的主要经济作物是甘蔗，望不到头的蔗林青纱帐似的浓密。收甘蔗是个苦力活，一捆捆甘蔗压在罗映珍背上，高出她身子一倍还要多，低头负重，她蚂蚁搬大树般行走于高低不平的田埂，跌倒又爬起来继续走，跌跌撞撞她成了一捆会行走的甘蔗，始终没有抬起过头。

运甘蔗仍然是个力气活。拖拉机上站着母亲，罗映珍一捆一捆往上递，头顶上的蓝天随着甘蔗一起旋转，白云被甘蔗挑成丝丝缕缕，在为罗映珍揩汗水。她们每天要砍、背、运一拖拉机甘蔗去糖厂（约 2 吨重），压来压去罗映珍身高长到 1.53 米，就再没往上长。

10 岁那年的雨季，村公所通知上级补助每户一袋化肥，规定了时限。母亲不在家，罗映珍太知道一袋化肥对庄稼收成好坏的重要，她跑到村公所，扛回那 50 斤重的化肥。她两条小腿直打颤，雨下个不停，雨水汗水泪水搅缠着一挪一趔趄的脚步。到家时，塑料布遮着化肥没打湿，她却成了落汤鸡。

童年的甜蜜，来自于三颗水果糖。堂姐、堂弟和她四个人凑得三分钱，蹚过一条大河再走 8 公里，到乡街子买得三颗水果糖，你一口我一口地舔着。原路返回，水长路远中，竟然也有了童年的欢笑。说来未必有人相信，在供销社工作过的父亲，没为孩子们捎带过糖果。罗映珍从不向父亲索取什么，粗心的爹也就把这岔忘记了。

童年的憧憬，多来自于露天电影。蹚同样一条河，再走 8 公里，乡街子那块"白布"幻化出大千世界，这是她认识外边世界的唯一窗口。电影中的故事，给她人生启迪；电影中的画面，给她一片新天地。那些有声有色的成长故事，常让她想着：假如这个人是我，假如我遇到这样的境况……

→ 侠肝义胆好孩子

★ ★ ★ ★ ★

1985年9月，不满6岁的罗映珍背着小书包和打猪草的背兜跟着哥哥进了大龙潭完小启蒙。说是上小学不如说是哥哥的伴读，5岁半的女孩掺杂在大孩子中，她像一个小萝卜头，倒是每天那背猪草，让她更尽心。

小学没有音乐、美术教师，罗映珍却被选成管这两门副科的"委员"，这是她人生第一个头衔"文娱委员"。小委员得给同学们一些示范，自己订了一个图画本胡乱画来，那些幼稚的线条居然具体成花草树木飞禽走兽。大伯夸奖中奖励了她一盒一角九分钱的水彩，从此这画本上五颜六色杂花生树。班主任老师朱子军相当看重学生的"杰作"，叹息着说这孩子没准会成为一位女画家，可惜美术老师都没有，孩子会埋没的。

罗映珍的志向是学医。她的想法很实际，学点医术，可以给父亲治病。医道为何物她并不明白，常见母亲采草药煨给父亲喝，草药的运用高手是中医，长大了当个中医或者走村串寨的草药医生也不错，能为病人解除痛苦，这就是母亲常说的"善事"吧！

立业的事离她还远，学好每一科为将来打好基础，这倒是她从小就明白的事。她的学习成绩从小到大都在前三甲，尤以作文为佳，得到的各种表扬和鼓励，贴满老家堂屋的墙壁，更多的留在了亲人们的心里。她给家人挣足了面子，以至于村中人家教育孩子，常说："你们要学阿林的样，看看人家阿林……"

好学生罗映珍也有明显的不足，她太偏科，一上数学课就趴在桌子上打瞌睡，要不是这一科拉后腿，独占鳌头十拿九稳。

罗映珍天性侠义，好打抱不平还爱管闲事，谁个欺负小女生，站出来与"强者"过招，总是这位比小女生还瘦弱的她，无形中她成了女孩子的"头"，聚集旗下的山里孩子，玩出了许多创造性的乐趣。

7岁那年，罗映珍上小学二年级。正值学校大兴土木，国家对山区教育的重视，扶贫项目首先给了学校，风雨飘摇的校舍正在逐步旧貌换新颜。新教室架梁的工地，是孩子们的最佳去处，在横梁竖柱中躲猫猫很刺激。

那一天，同学们见挑在做横梁原木上的大木板正好当跷跷板，一边骑上一个孩子玩得正欢。不想这木板的一头拴着绳子正准备往梁上吊的，孩子们一闹腾，搅动绳子带下山墙上一棵原木……原木飞流直下那一瞬，孩子们像炸窝的鸟跑个无影无踪。罗映珍也在其中。这时，她突然想起同班同学赵光映离那棵木头最近，恐有危险。她停住脚步回头一看，果然见原木直直压在了赵光映的腰上，赵光映一声惨叫，屎尿顺着裤腿淌。

罗映珍跑过去搬木头，木头纹丝不动。

周围已不见人影，如何是好？

远远的工地上，有个小伙子在码砖头。她不知怎样称呼那位比学生大比民工小的码砖人，仿佛听见过有人叫他"小胖子"，张口一声"小胖子快来救人，木头压着人了"。

得救的赵光映一辈子都感激罗映珍。她俩同住湾甸村，是抬头不见低头见的乡亲，罗映珍不让家人谈及这件事，也不让赵光映再说什么感激话，她说："要是当时被木头压着的是我，你也一样会那样做。"这件事在学校引起不小反响，那时山寨的村公所有台黑白电视正在播放《霍元甲》，依葫芦画瓢，小学生们称比他们还小的女生罗映珍为"罗大侠"。

1992年，罗映珍顺利考上小勐统中学上初中。当时山寨普及教育小学都不达标，上初中算"精英教育"，一班小学毕业生小半落榜，就是能考上，读得起的也不是太多，克服得了重重艰难的也不是太多。

上初中要到镇上，湾甸离镇一天路程还要两头摸黑。得住校，得自己开伙。罗映珍从家里背粮背菜，细细的小脚翻踩在长长的上坡路上，娘的呼唤在山的下头，前途的呼唤在山的上头。星光月影中常传来野兽的叫声，滴滴眼泪落进草丛，她害怕却不停步，她相信来年的草丛里，会长出艳丽的花朵。

罗映珍家境并不富裕，有个能干的娘，衣食总比普通贫穷的山寨人强一些。伙房是个大统间，挨墙团罗罗挤满学生们的土基灶，罗映珍总是会匀出自己小锣锅里的几把白米，放在生活艰难的同学锅里。天寒地冻时，她会剥下身上的衣服，披在衣衫单薄的同学身上。寒冬腊月，哪个女同学被窝太单无法入睡，来钻她的被窝，从不拒绝。

1995 年 7 月，中考在她的母校进行，按她当时的成绩，升高中上大学不成问题，她却选择了当时取分最高的卫校。卫校离她的人生目标最近，早几年工作也好缓解母亲的重担。中考当年的满分为500 分，要不是临考前的头一天晚上她擒贼误了睡眠，当年的中考状元非她莫属。

事情是这样的：

考试的头一天晚上，睡梦中的罗映珍听见有人大叫："有贼！"一屋子的女生都被惊醒，个个如受惊吓的小兔子拿被子蒙住头哭个稀里哗啦。惊醒后的罗映珍很快判断出被吓丢魂的是同她一样睡上铺的 4 床，循声望去，见窗框伸进一只黑手在撬窗子，早熟的她明白这人是冲着女学生而来，山里人称这种人为"采花贼"。罗映珍摸出砍柴刀爬过去向黑手砍去，一阵摸黑冷战中，罗映珍获胜，黑手撬窗的刀被击落在窗台上。

黑夜恢复了它的宁静，哭着吓着的女学生们重新进入梦中。罗映珍却睁着眼等候天明，她怕黑手再度侵扰，自觉地做了同龄女生们的守夜人。就这样，罗映珍还是取得了449分的好成绩，以全班第二的良好成绩，顺利实现了她的愿望，考入了临沧卫校。

不曾想，就因为考分高，被当年新开的一个专业录取。虽然同样做医生，但这份医务工作与罗映珍的初衷大相径庭，一个15岁的农村女孩，将面临种种挑战。

所长那年21岁

花季少女的尴尬

　　临沧卫校设立在澜沧江边的临沧市，离罗映珍家有 200 多公里。薄刀山下的大坝子中，美丽的临沧边城是永德县的上级领导机构所在处。整齐的街道，现代化的建筑，挺拔的棕榈树，鲜艳的三角梅，将地级市打扮得既文明又有素养，是边地人向往中的天堂乐土。临沧卫校是这座边城中，为数不多的精英教育基地，静谧高贵中有几许神圣。

　　罗映珍一到校就傻了。

　　分配的专业，她听都没听说过：计划生育服务专业。这个时候，她才想起在小勐统镇的计划生育工作成为边疆民族边地山区执政工作中，最令人头痛的"老大难"。

　　1995 年，为适应计划生育工作的紧迫需要，国家第一次开办这个专业，招收首届中专生。挑选品学兼优的好苗子，经过三年正规教育，为山区培养优秀的专业人才。此项工作无上荣光，责任重大，利国利民，但同时具有很强的政策性。班主任徐伟章用一系列实例，耐心疏

导着半是新奇半是羞的孩子，罗映珍心中的纠结在慢慢化解。

说不上热爱，但她接受既成事实。

罗映珍做什么事都一根筋，人又要强，从不甘心落于人后，既然别无选择，那就努力学好专业接受专业。15 岁的她克服了最初的尴尬，坦然面对那些男人和女人的隐秘，在赤裸裸的"那些物件和器官"面前，脸不红心不跳地淡定从容。她努力勤奋学好包括临床医学的每一门功课，成为班上公认的好学生。

1997 年，新的学期开学，面临的头等大事是实习，从书本到实践，是计划生育专业很不好迈过去的一道坎。挑选第一位实践者，老师想到心理素质不错的罗映珍。境线一个乡村卫生所，穿着白大褂的她娇小似弱不禁风，沉着镇静的一招一式与年龄极不相符，本质上讲她还是个不满 18 岁的女孩。她在老师鼓励的目光中走向手术台，轻言细语安抚接受手术的妇女，仿佛她面对的不是患者，而是自己的母亲和长辈，能为她们解决一份"难题"，油然而生一丝安慰。

热带雨林掩映下的手术室外，围观着好奇的当地妇女和缅甸过境赶街的女人，当看见从手术室走出来的是一位大孩子般的女学生，又敬佩又唏嘘。

首例手术成功，罗映珍很有成就感。

→ 有位才有为

☆☆☆☆☆

分配回小勐统镇，罗映珍很满足。

家乡是那样的亲切，阿妈的气息是那般温暖，她甚至嗅到了儿时的奶香味。这是 1998

年的 8 月，迎接罗映珍的感觉并不好。

我走滇西滇南有些年头，得来一点常识，凡叫"勐"的地方，必有两个重要属性：民族性，平坝子。

视小勐统为平坝，真让人有些想不通：放眼望去全是山。从县城出发 80 公里，除永康有一段河谷平地，再也没见过一马平川，就说那个叫永康的地方，也是七分乱石三分土，与平坝的概念仍有差别。至于小勐统，那就更无"平"也无"坝"。

小勐统的雨季特别长，来也匆匆去也匆匆，天空透明后街道泥泞。牲口、车辆、行人拥挤不堪的小街子上，5 个编制的小勐统计生服务所在拖泥带水中屈居两间小屋，不那么体面。服务所对新分来的中专生罗映珍缺少热情，简陋的设施，狭窄的工作室，各怀心事的同行，罗映珍也同样缺少热情。

这个所的人员结构相当微妙。

年长的一对夫妻掌握全局。另外两名同事，一个男性在争取留职停薪自己"下海"去开药店，一位女性虽然已婚，追赶时尚潮流的热情比工作兴趣更高涨，她热心交际，性格开放而张扬，隔三差五省里、市里跑单帮，被扫黄打非执法者在招待所抓了个正着，遮羞布都不用又大摇大摆上手术台。不雅的形象给服务所带来负面影响，乱象中服务所管理混乱，信任度差。在镇政府的七站八所里，执政者最头疼这个计划生育服务所，找了个理由，拨了为数不多的基建款，让其搬出政府大院，有些隔山不听娃娃哭的意思。

看到这一切，罗映珍又急又火有劲儿使不上，闷着头把分内活做得漂亮些，问心无愧图个心安，她只能这样了。罗映珍骨子里那股劲是要强的，她可以接受平凡，绝对接受不了平庸，眼里又容不得沙子，好意提过些改良现状的可行性意见，横遭白眼。"夫妻店"的默契在于有本事掌控全局，吃的又是无人竞争的独家食，事业单位的种种保障用不着他们瞎操心，随意散闲无后顾之忧。罗映珍的敬业，很快在育龄妇女中树立起威信，人称"宝贝医生"，排着队等罗映珍的门诊，指名道姓就要她做手术。"名医"的口碑给罗映珍带来安慰，带来劳累，前者她感激乡亲们的配合理解，后者是她的本职，用不着将好话奉承话当安魂汤，一如既往该怎么做还怎么做。最不好化解的还是同行中的妒忌，俗话说枪打出头鸟，风言风语冷嘲热讽，搞得她身心疲惫，处理人际关系竟比工作还要累。她努力修好各方关系，无奈人生阅历有限，笑脸对冷眼，常觉芒刺在背，她有些委屈，有些不安，有些不甘。到她感觉快撑不住的时候，一个突如其来的机会，让她做出人生第一次搏击。

2001 年，因工作表现出色，罗映珍光荣加入了中国共产党。与此同时，事业单位开始机构改革，推倒论资排辈，实行竞争上岗。当时计划生育工作压力很大，挑选一个好的站长，比挑选一个副镇长都难，精于业务又有管理素质的医务工作者，在乡镇一级不是太多，两者都兼备者，早就有县级部门"号着"，轮不到山区基层。动员过几个月，报名者寥寥。眼看期限逼近，领导把目光投向还没脱尽学生昧的罗映珍，又摇着头把她给否了——太年轻，太缺少实践经验。

罗映珍属于那种不声不响不争不抢又心中有数的人。学生时代，她没去竞争过班干部，但班干部们要开展活动，必先来请教这位小女生，她待人诚实公正具有亲和力，她敢于仗义执言明辨是非，正直无私摆平过许多女孩子间的小过节，成了女生中的无冕之王，比班干部还有威信。罗映珍无意求"官"，两年多的实践让她悟出：有位才能有为，或者说有位是有为的保障。所里的内幕她看个一清二楚，清水衙门也并非一潭清水，如果能在自己的手中将计生服务所整治到规范有序，对今后的工作大有好处。最近一次育龄妇女抽样调查得出，小勐统即将迎来控制人口过快增长高峰时段，不及早整顿好内部，松散的管理将带来许许多多被动。

罗映珍决定试一试。

那一段日子放环、取环、人流、引产、男扎、女扎的特别多，各种手术安排太紧。罗映珍顶班上岗吃饭喝水上厕所都忙不过来，忙乱中更坚定了她要"有位"的决心，她想：假如我有权指挥人手……

几个通夜熬下来，一份竞争演讲稿像一份可操作的工作规划，条理分明层次清楚。当着全镇干部登台演说，她细声细语不慌不忙，她只敢看稿子不敢看人。她用诚意打动人而不是用气势压倒人，她把专业性很强的工作性质人性化而不是口号化。就是这位稚气未脱的姑娘，在竞争"所长"一职中脱颖而出，全镇干部无记名投票结果，罗映珍高票当选，成为七站八所中最年轻的所长，那时她的实际年龄才 21 岁。抬起头时，她如一朵初试娇颜的红山茶，低下头，她像一株含羞草。

→ 艰难创业

★★★★★

这份担子委实不轻。

小勐统镇方圆 584 平方公里，将横断山拦腰截断，形成一列分水岭似的、东高西低逐渐

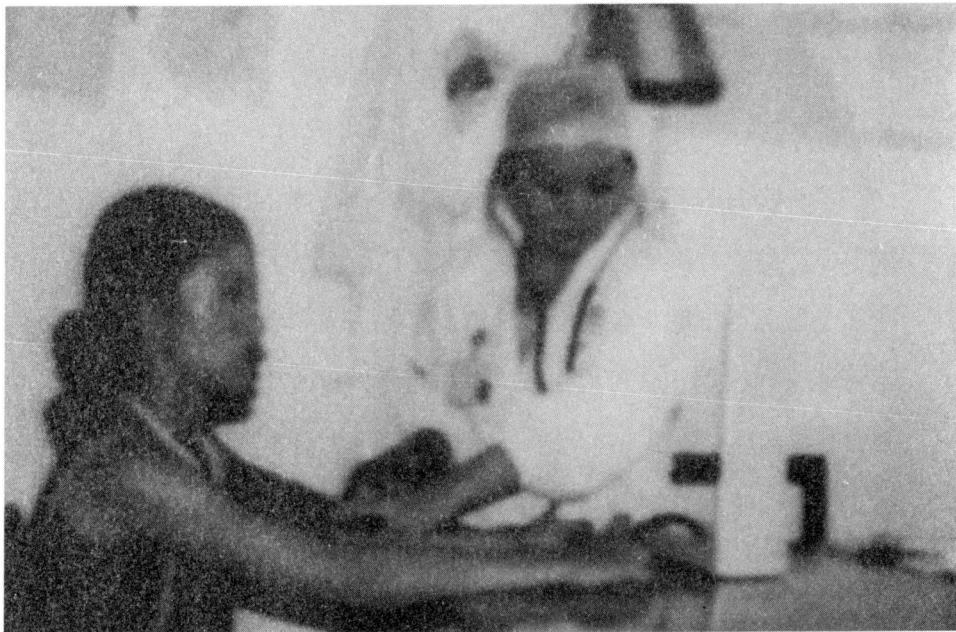
△ 罗映珍在为患者作体检

朝着大怒江倾斜去的连绵峰峦，一万余户人家共计
5万多人口组成137个自然村，几乎一律的农村人口。
从山脚热带地到山顶的寒带冷凉地，分别居住着傣
族、佤族、布朗族、回族、傈僳族、彝族和汉族。
各个民族自成一体，风俗习惯差异大，社会发展进
程差异更大，最早接触驿路文明的相对先进地区和
一步从原始部落跨入社会主义的山寨，对计划生育
的认知天壤之别。高寒山区人迹罕至，那些地方的
妇女从属于自然，臣服于男人，日出而作，日落而息，
大都没有走出方圆那个岭，进一次小勐统街都成奢

望，她们怎么可能为求生活质量而违背天神旨意，采取人为手段去控制生育。

罗映珍"执政"，首先开展送服务下乡。她将辖区划分为四个片，以中心村委会为依重。辐射周围，建立了湾甸、鸭塘、酸粑根、班老四个服务点。每个点距小勐统镇，车程一天，走路还是要一天，不可能来回往返。全所人背着行李如当年的土改工作队扎根村寨，整合仅有的医疗资源，一人把守两个山头，一人留守处理日常门诊。

罗映珍四个点来回跑。毛算下来，一年在乡下的时间在半年以上。

那一年，罗映珍决心攻克计划生育的死角。从酸粑根往前去，山路崎岖，不通车马，独立寒秋的山寨尽是白云深处无人扫的少数民族人家，稀稀疏疏各住一个山头，远远看去犹似些承天领地的小土地庙。炊烟的味道卷进烧荒山取肥气的星星野火，一派荒凉。要到这些分散人家去做工作，必须选择出工以前，收工以后。两头摸黑去敲一家一户的门，迎来的不是主人，而是犬吠。狗叫声在空旷的山头听来是那样的恓惶，再去敲门得有些胆量。

睡眼蒙眬的主人多半不欢迎她，她硬着头皮去给人家笼火塘，主人恶狠狠一句"撞着鬼了"之后，语言又实际又难听：

"黑灯瞎火的，不造娃娃还有哪样整的？"

"你们再硬整，我们就往缅甸去讨生活，那边不计划，媳妇都可以一人拿几个。一个冷饭团都啃不完就出境了，你们以为除了此山无鸟叫么？"

罗映珍不敢硬顶硬讲大道理，特定的生存环境他们讲的都是大实话，轻言细语话家常，只要你愿意听，这说服工作就做得下去。耐心、细致、善意，说得山神都会感动，何况他们本质上是朴实的山民。到他们愿意接受罗映珍的宣传，答应去"计划"，与其说是政策的力量，不如说是心疼罗映珍。一个小姑娘赶早摸黑走山路，被野物"拾去"，对不起人

△ 白云深处有家园

家的阿爹阿妈。

当人们逐渐能够送着婆娘来中心点接受服务"计划"，罗映珍早忘了独自一人打个手电，往返于山间小道的劳累和后怕。这些地方的寨子如果在阳光里，一家与一家可以喊话，但行走起来远远不是这回事，比如那个叫文昌的寨子。

从中心点到丫口寨是上坡，一眼望不到头地爬到山顶，沿着蜿蜒小道不停脚地下坡抵达河边村，再往上爬的力气得自己给自己较劲，口干舌燥爬到文昌寨，发现丫口寨近在招手之间，她却两头摸黑走了整整一天。

罗映珍和她的同事，就这样在两年时间，走遍村村寨寨，打开了工作新局面。

每逢街子天，镇计生服务所总有干不完的活。马帮，这山区不朽的旱船，小勐统仍然风采依旧。趁着赶街，赶马人山货驮子后边，跟着他们的媳妇，他们将媳妇交给罗映珍去解决问题，一通粗话让她无法接口。

汉子说："背时婆娘挨都挨不得，一挨就有她娘的了，你们的政策撺得我们鸡飞狗跳，种得收不得，拔青苗的事就拜托你，你想咋整咋整。"

发泄完，汉子去快活地喝酒去了。

媳妇说："罗医生，他们是些牲口，饿急了逮着就下嘴，吃饱了抹抹嘴就打鼾，还听得进去人话？你们发的药片片喂了黄鳝，套套娃娃拿去当气球吹……唉哟，疼死了！"

罗映珍特别心疼这些妇女。手术完后，一人一杯红糖水，在农妇们千恩万谢中，她上街去找赶马人来领媳妇。

要让女性自觉捍卫尊严，罗映珍在妇代会上开讲座，将"那事"讲出文明，讲出人性，讲出幸福感觉。初次听到这样的讲解，妇女们掩着嘴笑个不休，一个去捅一个的后背，传递着既新奇又快活的感动。罗映珍还将"计划"的实例编成小品，自编自导趁街天多次演出，效果很好。

山区男女孩子的性启蒙，多数来自于天性、野性、情歌，甚至是牲口的交配。自然状态中的懵懂，最易伤害的多是少女。罗映珍开整个临沧地区的先河，在初中女生中经常开展性知识讲座，大大方方将男女事和女性卫生常识放在课堂里讲。女生们未必听得全懂，未必不会去慢慢消化。一种文明萌芽于初潮阶段，这对她们身心健康和性意识的理解，都会受益终生。

几年的不懈努力，小勐统计划生育服务所逐渐完成着从无序到有序的规范过程，新建服务所时欠下的旧债已了账，工作环境和人际关系得到改善，遂成为整个永德县最先全面达标先进单位。

逐渐成长的罗映珍，挤出时间完成了成人自学考试，拿下了大理医学院临沧分院临床医学专业毕业证书，成为本所历史上第一个大学生。

→ 她没选错人

★★★★★

小勐统幅员辽阔，人口众多，这在边境地区实属不多见。镇境距臭名昭著的"金三角"毒品加工、集散地仅数十公里。毒品是一种暴利商品，为了追逐暴利，许多不法分子不择手段，不惜铤而走险，从而使打击毒品犯罪的斗争，一开始就充满艰险。"金三角"地区的贩毒势力借我国对外开放、边贸活跃之机，利用云南边境无天然屏障、边民往来频繁的特殊条件，开始与国内不法分子相勾结，将毒品贩运过境，云南不可避免地成为毒品最早的受害地和全国禁毒斗争的最前沿和主战场。

小勐统山间小路纵横交错，四通八达，茶马古道遗迹宛然，特殊的地理位置和自然条件，给毒品贩运提供了隐秘性，压在小勐统派出所公安民警身上的担子很重。

晚罗映珍一年分配到小勐统派出所的公安民警罗金勇，是这个所有史以来的第一个正牌大学生。虽然所里其他人也有张大学文凭，他们自我调侃那是一张"马樱花"文凭，得来的途径五花八门，对这位自愿应征到禁毒一线从业的白族大学生宠爱得不行。

罗金勇放弃坐办公室的内勤工作，主动投身一线，驻守班老寨。

班老寨的背后，耸立着一座大雪山，一年中有半年积雪不化，孕育了高山奇观冷杉林。山里的48道河流（溪水）和季风，使湿性常绿阔叶林葱茏茂密，随水而来、顺着石崖而来的贩毒分子，要找个当地人当跳板，靠山的班老寨必是首选。这个村地广人稀，寒凉地收成不好，古道正好挨着村子，北出保山，东通临沧，贫困和法盲，形成几个"跳板户"和散聚毒品的窝点，罗金勇在班老寨设卡，做出许多成绩。老百姓给罗金勇戴了三顶高帽子：罗警长、大英雄、缉毒勇士。

设卡，卧底，擒毒犯，短短两年，罗金勇立功受奖，成了小镇风云人物。罗金勇肯干能干样样出色，就是在姑娘面前放不开手脚，过来人骂他"不成器"。所长禹忠华是个佤族汉子，冲罗金勇连教训带点拨："镇上的姑娘吃公家饭的就那么几个，未婚小伙有 21 个，该出手时不出手，让你后悔一辈子。托土基泥巴要烂，想拿媳妇你要会串，串都不去串，哪个姑娘会找上门来嫁你。"

禹忠华提供条件让罗金勇"拿"个姑娘来派出所煮顿饭吃，萌发了白族小伙的春心。其实，罗金勇的心中，早爬上一个姑娘的影子，只是这姑娘对谁都爱笑，他拿她当小妹看。罗映珍在粮站搭伙，来去都独往独来，急匆匆的步子带出婀娜背影，搂着这么个小可人，不正好显出他的大丈夫气概吗？但他不敢出手。

镇计生服务所的墙上，挂着许多宣传照片，他发现主刀医生大多是罗映珍，一个 22 岁比他小 5 岁的小女生，何来那份尊重？小女生小巧水灵，双眼皮大眼睛，薄薄的嘴唇紧紧地抿着，居然还是一所之长：这个姑娘不简单，看似柔弱的背后，藏着一股子不服输的刚毅。这样想来，罗金勇就更不敢出手。

罗映珍不想过早恋爱结婚，起点和憧憬还有一段距离。但对于择偶的条件，她心中有谱：正直善良既有事业心又有爱心，必须具有绝处求生的本领，敢于担当，善待她并有力量保护她——她希望做个娇妻而不是铁腕女强人。

同住在一个小镇，抬头不见低头见，罗金勇抛出来的信息，罗映珍还是有所触动。她独自来到小河边。

山月也知心里事。你看那月色，朦朦胧胧，一副低眉俯眼的样子。

罗金勇的影子，穿过夜幕映来眼前，这个人好像早就在她的视线中了。

她亲眼见过罗金勇是怎样与毒贩作生死较量的。那一次在玉明珠村——得到情报，罗金勇等人布网半月，毒贩无踪影，堵卡民警决定撤卡整休，先后回到所里。罗金勇不死心，他继续守下去，独自一人抱着一支微型冲锋枪，蹲在玉米地。

2002年5月26日15时20分，终于看见一辆昌河牌微型车从境线缓缓驶来，罗金勇看那样，心头一想：有意思了。

短兵相接，殊死搏斗之时，正好在玉明珠村下乡的罗映珍看到险情，勇敢地扑上去从后面给了毒贩一闷棒，毒贩忍痛撒手弃车弃毒品，正准备钻进玉米地逃窜。罗金勇敏捷地夺下逃犯手中的尖刀，制服了毒贩，缴获精制海洛因1462克，缴获手榴弹4枚，运毒工具微型车1辆。

罗映珍亲自为罗金勇配过药，让"大好人"罗金勇带去给警务区的乡亲治病。

有一次两人同时下乡，罗金勇带了伤腿脚不利落，她还劝过他："你总是这样莽撞冒失，干缉毒的人又不止你一个，何必每次都第一个冲上前去？今后小心些。"

罗金勇没心没肺不领她的情，正色道："我们这一行，小心可以，往后缩绝对不行。总得有一个人要先冲上去，我不上别人也会上，一样的危险。大概你不知道吧，干我们这一行的，一见毒贩就兴奋，按捺不住。贩毒者都是不要命的，不首先在气势上压倒他，危险性更大。"

罗映珍想着，一个对工作一丝不苟的人，对家庭必然有责任感，这比什么都重要。罗映珍爱读文学作品，特别喜欢情感类、审美取向比较理想主义的作品。她认为，将神圣的爱情变为物化消费，去追求一种时尚享受，那样的爱情离爱情本质太远，已经背叛了爱情而成为一种功利，是商业生态而不是爱情的良好生长环境。

罗金勇高大孔武，一表人才，淳朴率真，羞涩憨厚，有点冒傻气的可爱，很像一个半生不熟的青皮果子……所有这些鲜活的自然性灵，在这个时代已经不多见。

爱情可遇不可求，罗映珍同意去派出所帮罗金勇煮一顿饭。

一顿饭煮下来，罗金勇已是容光焕发，在他看来，大功一件已告成。宣言似的在小镇上扬言："罗映珍是我的，哪个敢来跟我争，先去山头上过几招再说。"

最不会谈恋爱的罗金勇，开始了恋爱季节。他不敢单独和罗映珍在一起，成天约着同伴去壮胆。恋爱是隐秘的，讲究两个人的默契、自然、轻松、水道渠成。身后老是跟着扛大刀的民警毛继成和陈新强，这算哪门子事？罗映珍赌气不再理罗金勇。

坐了几天冷板凳的罗金勇穷追不舍，决定送罗映珍一片"光明"。一盏粉红色台灯送到罗映珍屋里，很是霸道地说："台灯我已经买了送来，不可能带回去，不喜欢你就丢出去，没关系，反正我是送给你了。"

这一次罗金勇大有长进，没有呼朋唤友，而是单枪匹马。

罗映珍哭笑不得，她还没有想好或者说还没有充分准备去做一个成天在刀尖上跳舞，出生入死玩命的缉毒民警的妻子。台灯是退不回去了，找机会送罗金勇一个被套，她不想欠罗金勇这份人情。

罗金勇大喜过望：被套都送来了，还等什么？

2002年农忙刚过，罗金勇又一次登门，让罗映珍措手不及，罗金勇从老家大理州剑川县剑湖边搬来自己的父母。

罗映珍委屈极了："我什么时候答应过嫁给你，你什么事都自作主张。"

"什么时候嫁我，或者嫁不嫁我，都由你定。见见我的父母，这个面子你得给我，老两口盼着我有个媳妇，人都盼老了，即便是哄哄老人开心，我都谢谢你。在我们老家，白族小伙像我这年纪，娃娃都捡得来烧柴找得来猪食了，我成不了家，老人心痛。"

派出所长本来就是棵"引火草"，充当着大媒人的佤族汉子禹忠华背着大猪头、大红公鸡、烟酒糖茶，揣着放定的礼钱，带着罗金勇的父母一干人，浩浩荡荡 60 公里，直奔罗映珍的老家。

堂屋坐满罗映珍所有亲眷，他们对罗金勇是满意的。但女儿心气高，什么事都有主见，女儿不点头，任何人都做不了主。

罗映珍躲在另一间屋子，心事很重地哭个不休，她很矛盾。当上所长才一年，所里的工作刚理出头绪，就这样拿个家庭把自己拴住，她往前走的压力会更大。而罗金勇的父母，那对白族老人慈祥的笑容掩盖不了眼中的期盼，她不愿也不忍拂老人心意。

相亲在罗映珍的善解人意中，还算顺利。

罗金勇听见罗映珍的亲人都叫她"阿林"，才知道她有这么个乳名，他也这么叫来觉得比叫"罗映珍"亲切得多。白族人的发音"阿""爱"不分，舌头有些大，"阿林"从罗金勇口中变成了"爱林"，一直叫到罗金勇再也发不出声音，将那份亲切和爱恋深深埋在血液里，迸发出一串串火红的杜鹃花。

血染边关

→ 恩爱夫妻

★★★★★

八年的计生服务工作，罗映珍为这个职业付出了一生的心血，被辖区妇女称为"过得了心的小阿妹"、"大名医"。正当她努力创造工作业绩，决心把服务所打造成山区各族妇女的"娘家"时，一件决定她一生的突发性事件，让她最热爱的事业戛然而止。重新回到她钟爱的小勐统镇计划生育服务所，已经不可能，那一页永远被翻了过去，连她的医生身份，也被人们淡忘。

那次提亲，人们绝对没有忘记，也绝对不应该忘记。

提亲后回单位的路上，罗金勇大着舌头叫出第一声"爱林"，他大着胆子握着罗映珍的手说："我怕你不答应，也怕你父母大伯小叔大姑小姨瞧不上我，紧张得手都出汗了，现在可以喘口气了。"

2002 年 12 月 25 日，在罗映珍的老家，举行了一次盛况空前的婚礼。

罗金勇的老家不在此地，孤孤单单一个人在本地工作。结婚是头等大事，太冷清会后悔一辈子。禹忠华所长打电话到江对岸的保山市施甸县紧邻这边的派出所，还有昌宁紧邻这边的派出所，他们都给足了罗金勇面子，能到的全到场，全不拿自己当外人，大碗喝酒大块吃肉，梁山好汉似的。大龙潭村子一带有个风俗，结婚三天不讲辈分，是个女人都敢邀新郎对歌。罗金勇五音不全，这事全由民警兄弟们代劳。那地方人讨媳妇的酒用大桶装，新郎是主角，来拼酒的人不下百数，为罗金勇挡驾的兄弟们被灌得斯文扫地，倒在猪圈、草堆上沉沉睡死过去，出尽洋相。一个村公所的人都来贺喜。吃的是流水席，吃饱了又跳又唱，唱够了跳累了又来吃。两个邻县来的民警威风八面，婚礼有了他们，意味深长。

罗金勇平常很节省，但对罗映珍，他很舍得。小勐统人的新房谁都没有他们的漂亮，专程去昆明省府拍来的婚纱照半个真人大小，各种姿态各个时代的"穿越"，满满挂了一屋子，跟电视剧中的场面没有差别。

就在那天婚后回小勐统镇的车上，罗金勇非常"文学"了一回，趁同伴们都在打瞌睡，他对着罗映珍的耳朵，深情款款地说："执子

△ 罗金勇与罗映珍的婚纱照

之手，与子偕老，携手白头。"

罗映珍将丈夫的手握了三下，意思是"我同意"。

她多么想握着这只大而有力的手，做个小女人，做

一对柴米夫妻。

事实上，他们都做不到。

婚服都还没脱，等待罗映珍的手术台上，躺着等待手术的妇女，她套上白大褂，头饰都没摘下来，连做三例手术。

罗金勇这一年也特别忙，局领导派他去一线"卧底"当马仔，险象环生倒也刺激，他很有成就感。因工作表现出色，他被调到县公安局工作。

人生自古伤离别，何况是新婚夫妻。相距80公里，一种相思，两地闲愁，当相思如潮水般袭来，电话成了传递爱情的使者。

罗金勇极爱足球，对妻子说听韩乔生解说足球很快活很过瘾。那一段时间，世界杯正拉开战场，罗映珍知道丈夫在外公干，让他打开手机，自己模拟韩乔生也来了一场解说。她不知什么马拉多纳、巴西队，也不晓得谁是齐达内、罗纳尔多，在罗映珍眼里，外国球员长得都一个样，东拉西扯一锅煮。罗金勇也不点破，他要的是妻子这份温柔与关爱，适当夸几句："爱林，你的临场发挥比韩乔生都生动。"

见丈夫如此高兴，罗映珍用心录下世界杯赛。丈夫回家，她像小猫一样依偎在丈夫怀里，共同欣赏，共同喝彩。其实，罗映珍根本没弄明白她在为哪个队叫好。

两个人的周末都不固定，使有限的周末相聚成了重大节日。计生服务所到车站，相距不过百余米，每次罗金勇返回县城，罗映珍必亲自送行，她将这段路当成"十八相送"。但凡爱情故事，都会在罗映珍心中生根，梁山伯与祝英台十八相送那座桥，只有一丈八尺，比起一丈八尺，百余米之距已经不算短！

送行归来，这餐晚饭独自难吞。计算着下次相聚，她又进入了倒计时的等待。一同进入倒计时的，还有一件更大的事，也在积极筹划之中。

他们得有个孩子。

一味强调工作忙，工作哪有干完的时候。罗金勇30岁已过，盼个孩子，常常流露出那种做父亲的渴望。他尊重妻子，从不把心思强加在罗映珍身上，一如既往地早上用电话叫罗映珍起床，晚上电话道过"晚安"，一起入睡。

2004年8月30日这天晚上，罗金勇没有如往常一样在电话中道"晚安"，而说的是"平安"。罗金勇在电话里讲着他的同事，一个叫"吴光林"的缉毒民警为擒毒贩英勇献身。罗金勇声音哽咽而沉重，他说："爱林，干上我们这一行，你要有个心理准备，如果哪一天我也像吴光林一样走了，你要好好爱惜自己，你一定要好好替我活下去。"

这晚，罗映珍的泪水洇湿了枕头。

→ 最完美的夜晚

☆☆☆☆☆

什么最苦? 相思最苦。

什么最甜? 爱恋最甜。

自那次沉重的电话沟通之后，罗映珍更加珍惜每一次相聚时光。她在日历上勾出每一个周末，一本台历被她勾得横七竖八，有时还写上一些只有她自己才看得懂的短语，或者是写意性的一幅画。

多数周末她盼不来丈夫，罗金勇一个电话打来 :"爱林，对不起，临时通知有事。"

至于节假日，她就更盼不来丈夫了。假日往往是案件高发时段，为保一方平安，公安干警最忙的时段是节假日。干上缉毒这一行，设卡、守卡、堵卡、盘卡，再多的人手也不够派遣，利用节假日"暗度陈仓"者，比狐狸还要多个心眼。

2005 年国庆节前夕，罗金勇给了罗映珍一个惊喜，他破例得休长假。

归家，罗金勇孩子般高兴。

前几天，罗映珍在电话中与他商量好，过了国庆就准备要孩子。种子还没播，罗金勇就盼着儿子来叫他阿爹了。想着当爹的滋味，他就想犒劳老婆，将家里的脏衣物悉数洗干净，还美美准备了一顿盛大的"晚宴"。

那段时间，电视台正在播放《大长今》，罗映珍很喜欢这部韩剧。受其影响，罗金勇也看过几集，一看便爱上了《大长今》。他这是在"越位"，将聪明、能干、善良、美丽的韩国女人大长今转换成了妻子。他的心目中，妻子是世界上最好的女人。

罗映珍才进屋，罗金勇一个拥抱："抱抱老婆，抱抱我家的大长今。"

羞羞喜色，让罗映珍面若桃花。

这真是一个美好的下午。罗映珍拿出两样东西，让这种美好更接近实质：一条很漂亮的孕妇裙，一盒叫"福施福"的英国进口药。

孕妇裙一看就明白，他让瘦小的妻子穿给他看。宽大的袍子逗得金勇一阵乐，拍打着妻子的空腹叫了一声"宝贝"。"福施福"金勇研究了一番，见说明书上写着：本药适合维生素及矿物质缺乏者，尤其适合孕前期和哺乳期妇女补充多种维生素矿物质。他意味深长地死死盯着妻子，一高兴，就抱着妻子在屋子里转圈，直到罗映珍笑岔气讨饶。

这个美好的夜晚，他们再次来到小山坡，那是他们初恋时的约会地。

那晚的月亮特别圆润。

已是初秋，月光清美恬悦，隐隐露出玉兔的红颜，嫦娥的飘飘裙裾，吴刚永不言累的劳作。山坡周围，丰收的田野送来新稻的芳香。山下，镇政府办公室的楼前，闪现出几盏彩灯，街上几家商店也是一派灿然，有人放起了鞭炮。小镇在为"国庆"着装。他们相偎相依坐在一丛竹子边，透过竹叶，一弯月亮很有情有义地陪伴着他们，暖暖的，柔柔的,媚媚的。他们轻轻哼起了两人都喜爱的歌曲《约定》。

他们这夜的话极少。进入一种难得的享受境界，好像在重温两人世界的静谧，仿佛携带来了一粒饱满的种子，让这秋的清醇厚朴孕育来年夏季的莲蓬。

他们商量好，这个长假回罗映珍老家去，带她那"多病的老爸"去大医院彻底检查一次身体，孝顺的罗金勇一向拿岳父岳母当亲爹娘敬着，能为他们做点事，他很高兴。

他们万万想不到，一场生死考验正向他们走来。

今晚，将是他们生命中最完整的、最明亮的夜晚。

→ 惊心动魄的一幕

★★★★★

这一天，是 2005 年 10 月 1 日国庆节。

上午 10 点，夫妻俩搭乘一辆客货两用车从小勐统起程。山路十八弯，一个回头弯连着一个回头弯，颠颠簸簸车速很慢。三个男子中途搭车，出言简约："大田坝。"

司机说："我的车不去大田坝。"

其中一个忙着说："橄榄坡下车也行。"

对话引起罗金勇的警觉，那条路一般人不敢走。三个中途上车者与罗金勇并坐后排，他们鞋子上的泥土太刺眼，凭经验，罗金勇判断那泥土来自边境。看年纪，三人都是二十出头，却少见地沉稳，一路上并不交谈。其中两人各提一个塑料袋，用脚拨到座位下，双腿并拢有意遮掩。

罗金勇立刻想到那个"橄榄坡"。一个前不着村后不着店的大荒地，有密不透风的甘蔗林，还有……

车上除了罗金勇和驾车司机，前边三个人全是女性，其中就有妻子罗映珍。他不想让女眷受惊，思谋着怎样证实他的怀疑，斜眼望去，紧挨着他的

△ 旧街坝

那个人脸上有汗珠。已是秋凉，这汗出得悖乎季节，车里的气氛十分微妙。

罗金勇已是内勤干部，不再配武器，他摸了摸上衣口袋，心里有了安慰：警察证。这本代表党和人民赋予他神圣权力的警察证，就是最好的武器。

11时30分，车到一个叫旧街坝的地方，车子出了点问题，路边正好有个小修车店，司机说要在此修一下车。

旧街坝曾经是个茶马古道上的驿站，完成了历史使命之后，留下渊源很深的地名，荒无人烟，也无手机信号。

罗映珍和两个妇女钻进甘蔗林去"方便"。三个可疑男子对了个眼神，相继下车，正拔脚要走。

罗金勇已经没有时间犹豫了。他果断地掏出警察证大声说："我是警察，要对你们进行检查，请把袋子打开。"

三个陌生男子一惊，说："袋子里……没……没……"

口吃、含混，分明心中有鬼。

罗金勇一个箭步冲上去，紧紧抓住塑料袋，伸手一摸：硬硬的，方方的，是那东西——海洛因。

三个人见罗金勇孤身一人，迅即不约而同握紧拳头，向罗金勇恶狠狠扑过来……

罗金勇毫无惧色，赤手空拳与三个毒贩展开殊死搏斗。见罗金勇骁勇无畏，拳脚了得，毒贩自知不是对手，如果司机和三个女子返回来，情况会失控。一名毒贩抱着一块大石头向罗金勇的头上砸去，另一毒贩捡起一根撬轮胎的木棒，乱棒如雨，一棒一棒落在罗金勇的头上、腰上、背上。

木棒被打成两截，石头浸满鲜血。

罗金勇顿时被打昏过去，却没有倒下，死死抓住毒贩的手不放。

罗映珍从甘蔗林出来，前后不到五分钟，一见这场景，她一目了然。公路两旁，是一望无际的甘蔗林，放走了罪犯，要抓就难了。

罗映珍扑向逃窜的毒贩，只扒下他的一件外衣，正要往甘蔗林里追，霎时不见踪影。一地的甘蔗叶都在摇动，作案人显然是个老手，他在布迷阵，让人找不着方位。正在这时，司机李延东大声呼叫："抓毒贩，快来抓毒贩……"

有群众闻声赶来，抓住了一名叫苏云江的毒贩。装毒品的塑料袋，被毒贩扔在一边，甘蔗林如狂风乍起。

罗映珍找来一根旧电话线，亲手将擒获的毒贩捆个结实。回过身，她扶起倒在血泊里的丈夫，身子顿时软下去。她放声大哭，声音失真而恐怖，她呼天抢地地叫着："老公，老公，你醒醒，你应我一声……"

生龙活虎的丈夫，深深爱着她宠着她的丈夫，再也不会叫她"爱林"、"老婆"、"大长今"、"宝贝"……

→⃝ 抢救生命

★★★★★

高天无云，秋山明媚，古驿道上一摊壮士的鲜血，定格了缉毒英雄罗金勇的人生坐标，他无愧于警徽和金色盾牌。

罗映珍心急如焚，抢救中的一分一秒都是宝贵的。凭着八年从医的经验，她含悲忍泪亲自给丈夫包扎伤口、打吊针。她一边做着这些，一边不停地呼唤着丈夫，希望丈夫再叫她一声"爱林"，或者有一丝尚存知觉的表示。

没有! 没有!

13时30分，小勐统派出所的警车携镇医院的医生赶到案发地，载着奄奄一息的罗金勇，载着抓着的毒贩和缴获的 1150 克海洛因，向县城开去。

道路何其艰难。

立崖傍山，公路弯弯曲曲，崖旁的植物一群群挤挤拥拥将上半身探到路基边，在风中悠然起舞。车轮在恣肆的枝条中慢慢前行，车顶上那刷拉拉的刺耳声，带着罗映珍的百样心思：她既怕这声音干扰司机的驾驶，又希望这刺耳的声音能让丈夫感知这个世界的存在。她撕心裂肺地千呼万唤，罗金勇还是一点反应都没有。她紧紧抱住丈夫血迹斑斑的头，腾出一只手来摸丈夫的脉搏，脉搏细微滑离，罗映珍的心在滴血。

这时，永德县医院的救护车已出发，确保双方在半坡岔道口转接。

好不容易车到半坡，永德县医院的医生和县公安局禁毒大队李队长一行人赶来。李队长流着眼泪为罗金勇揩着从口中流出的血，不断地呼唤着："金勇！金勇！"李队长那一滴滴眼泪溶进罗金勇的鲜血，硬汉子与硬汉子仿佛在这种反差很大的表达中，唤醒职业的感应，罗金勇吃力地挤出一句行内人才听得懂的话："800 多克……800 多……克。"

从那以后 6 年半时间过去，罗金勇再也没有开口说过一句话。

罗金勇被紧急送进永德县医院。

诊断结果：重型颅脑外伤，右侧额颞顶广泛硬膜下血肿、脑挫伤、脑肿胀、脑疝形成。病情危急，必须进行手术。

罗映珍是学医的，她懂得诊断结果意味着什么，同意了争分夺秒的抢救方案:右侧扩大翼点入路,硬膜下血肿清除,去骨瓣减压(通俗点说就是打开头盖骨，取出一些骨头)。

从手术后复查的头颅 CT 看，脑肿胀依然非常明显，右侧后颅凹发现硬膜外血肿。

是再次手术，还是观察几天再说？

当天中午 12 时，永德县有关领导作了部署：

1. 立即组织力量，全力抢救罗金勇。

2. 立即行动，调动一切力量迅速抓捕在逃的两名犯罪嫌疑人。

3. 做好家属工作。

临沧市公安局局长陈新钢作出指示：

1. 永德县公安局迅速组织警力赶往案发地，抢救伤员。

2. 市局政治部、警令部和禁毒支队组织工作组前往永德县公安局指导开展缉查工作。

3. 迅速对抓获的犯罪嫌疑人进行审讯，摸清两名在逃犯罪嫌疑人的基本情况，发出协查通报。通知本市的镇康县、凤庆县、边防支队和保山市的昌宁县、施甸县等公安机关帮助组织力量,设卡查缉。

4. 迅速报告县委、县政府抢救伤员。

5. 迅速报省公安厅、市委、市政府，根据伤情需要，市医院专家前往，请做好有关协调工作。

在此，需要特别说明：这一天是 2005 年 10 月 1 日，国庆长假第一天。如此迅速的决策、指挥和组织落实，从省厅到市县及有关单位一气呵成，充分说明党和政府以人为本，将禁毒工作进行到底的决心。

云南省第一人民医院院长王天朝是个大忙人，一听说去抢救缉毒一线民警，刻不容缓，他庄严承诺：你们需要什么专家，我们就派什么专家；你们需要什么药品，我们就带什么药品，我们开通一条抢救缉毒英雄的绿色通道，现在就出发。

10月2日凌晨2时，夜春城的节日灯火在为云南省第一人民医院的专家们送行。这一路近900公里山路，两位专家的手机没停过，他们不断向永德县医院方面询问罗金勇的伤势和病理特征，提出医疗措施和处置方法，一场抢救方案就这样在汽车上确定。

第二份递到罗映珍手上的抢救方案，已经是经过省、市、县三级医院的专家们，通过手机反复商讨，确定的方案：

沿原切口做挫裂并脑组织的清洗；

颞叶部分切除内减压术；

右侧后颅凹血肿清除术；

气管切开术……

昼行夜赶13个小时，省第一人民医院的专家贺怡波和熊文灿抵达永德县，决定再次开颅手术之前，与各级领导和家属进行了一次严肃的谈话。

罗映珍听得懂医生们口中说出来的那些专用名词。她想象得出，这一系列手术会将一个干练的人变成一具插满各种管子的庞然大物，什么四肢张力亢进、强直、高热、呼吸快、迟发血肿压迫脑干、后颅硬膜外血肿……她望着一张张手术单万箭穿心，任何一张手术单都可能变成死亡通知书。那份说不出来的痛，使她头昏眼花、四肢麻木。但她必须冷静，抢救生命和安抚亲属，舍她其谁？事发之后，当听到罗金勇身受重伤的消息，亲人们跪在太阳下大放悲声，一次次责问苍天："老天，你咋个不长眼睛，将灾难落在我这么好的儿子身上，老天，你还我的好儿子……"泪雨滂沱，呼声震天。

罗映珍此时要做的，必须将微乎其微的希望争取到最大值，在一张张手术单上签字时，"罗映珍"三个字变得陌生而僵硬。她不敢和不忍心再一一细看那些手术内容，能做的，是在内心虔诚地祈祷。

做完手术，熊文灿、贺怡波两位专家已经四十多个小时没有合眼，倒在县招待所的床上，衣服鞋子都没来得及脱，沉沉睡去。

→ 呼唤生命

★★★★★

　　两次开颅手术,一次气管切开手术,推回病房的罗金勇面目全非。望着各种各样的管子、层层浸血的纱布将丈夫"五花大绑",罗映珍泪流满面,肝肠寸断。

　　15天,她没离开病床一步,仿佛一旦离开,丈夫将离她而去。15天,她紧紧拉住丈夫的手,仿佛一旦松手,她的丈夫将不复存在。15天,罗映珍双眼红肿如熟透了的桃子,碰一下都会皮肉分裂。15天,罗映珍的双脚肿似熊掌,五趾张开脚背绷紧,什么鞋子都穿不进去,麻木到失去知觉。

　　丈夫的生命体征,仅仅是那一点点细微的鼻息。丈夫僵直的身体,如一具摆放在人体解剖教案上的"那种"。她不愿说出那个令人无奈的专用名词。丈夫似乎永远处于睡眠状态,她不想让昏睡去吞噬一个活的生命，她开始选择各种渗入和干扰，开始了心灵呼唤和抚慰。罗金勇最放心不下的，是他那神圣的事业，旧街坝那一场肉搏，是丈夫留在脑海中的最后影像，必定收进丈夫眼底，埋藏于丈夫心中，潜意识绝对存在——她相信。

罗映珍不擅讲故事，15 天里她一边亲吻着毫无知觉的丈夫，一边反反复复、喋喋不休地讲述着这个真实的故事。她相信所有的神话已被丈夫完成，神话是美好的。具有生命力的神话容纳了拯救者的无奈、孤独和眼泪。明知丈夫听不见她讲些什么，但她总相信或者说只愿意相信罗金勇那凡身肉体中，保留着一根储存记忆的神经。罗映珍紧紧拽住这根神经不放，捏住丈夫凉一阵热一阵的手，娓娓道来。讲得口干舌燥。床头柜上有一瓶矿泉水，她不舍得喝，那是给罗金勇清洗伤口用的。

罗金勇持续高烧，持续性四肢强直痉挛，多尿，心速快。专家们采取物理性降温和冬眠疗法，罗金勇戴着个冰帽子沉沉睡去如休克状，很像"那样了"。

从几百里外赶来的罗金勇父母，千呼万唤叫不醒儿子，死的心都有。

这对白族老人先后来过永德两次。第一次是儿子缉毒堵卡遇车祸，第二次是为儿子说媳妇。这一次来永德为什么? 他们想都不敢想最后的结果。

母亲罗吉善爱儿痛儿又怜儿，所会的不多的几句汉话与谁交流都困难，她目不转睛地盯着儿子，一天天挨过去。见儿子生不如死，老人做了件让大家想都想不到的事。她往老家打电话，通知来了所有的亲人，看着儿子的命还没有麻线粗，是活不了几天的，让所有的亲人都来送送儿子。

一大群人都是罗金勇的亲人，挤进病房哭的哭叫的叫，把一个黄泉路上的情景搬来病房，谁看见都落泪。

母亲罗吉善反而冷静下来，她信仰佛教，半生不熟一个叫"涅槃"的佛语被她硬性搬来一用：人生百年都难逃这一劫，在众亲友的眼泪中上路，她的儿子不至于孤独。

罗吉善一边流着眼泪一边安排亲人去购买"送送"罗金勇的衣物用品，她说到时候手忙脚乱，不能让金勇光着身子来光着身子去。

当时罗金勇的情况不好，死生只在一瞬间，要解脱，只要停止任何一种抢救，或者拔掉那些管子……领导已给家属做过工作：抢救生命，不排除"万一"。

罗映珍悲从中来：娘！你怎么会往"那边"去想。她苦口婆心劝婆母："求您老了。你们这样做，不是把金勇往死路上送吗？我相信金勇不会丢下众位亲人不管，你们这样哭哭闹闹慌成一团，让医生怎么治疗？让领导操心哪一头？"

病房中的那群人，长声短调做得跟真的似的，连白族大本曲中的指路经，有人都拖声扬气哭哭唱唱无休无止。

婆母罗吉善正找不到出气口，憋着的心里怨气总算有了机会抖出来，她的思维不带逻辑，本真得很有道理，说出口来一点都不讲道理："都怪你，是你害了我儿子。我儿子丢了魂似的跟着你走，不跟着去你家，我儿子遇得上什么贩毒的，他哪来这场祸害？你说！你说！你害得我白啦啦供儿子读大学，背都苦驼了哟！你让我们老来无靠，我自己身上掉下来的肉自己心疼，看着他死不死，活不活，让人一次次开脑壳割皮肉，金勇，我的老儿子，我苦命的儿哟！"

罗映珍吃惊不小，婆母怎么会这样看问题？看来这个"结"是埋下了。她不还口，也不分辩，坚决不让这么多人围着罗金勇。人多浊气重，病人一旦感染上其他病，天下难买后悔药。

熊文灿、贺怡波两位专家事后这样对我说：

我们这次抢救罗金勇，心理压力很大。永德县的领导不止一次对我们说，永德县33万人民希望罗金勇活着，我们何尝不是这样。罗金勇伤得很重，生命中枢都有损伤，开一次头颅我们的压力增加一次。罗映珍表现出惊人的冷静，这比悲伤更让我们感动。她是我们所见的，在病人家属中最配合、最坚强、最出色的。

迟到的情书

亲爱的老公：

请你一定要坚持，绝不能放

我怎么办？我要如何面对以后

走过，我愿执子之手，携手白头

的生活

→ 种下一棵万年青

★★★★★

度过最初的 15 天，罗金勇仍然没有意识反应，私下里人们在议论：

没救了！

就是救得了命，也是个植物人。

植物人是什么？那时躺着的已不是生命，而是累赘。生命一旦没有了生命的质量，活着还有什么意思。

当各种议论传到罗映珍耳中，她不责怪也不埋怨谁，她悄悄地栽下一棵万年青，固根水是她的眼泪，她以一种近乎图腾崇拜的心理，种下这棵树。罗映珍不信神灵，此时却像虔诚的信徒，对着小树一次次祈祷：你是一株小树，生命的绿会清扫世俗的尘土；你活得坚强勇敢，希望你带着我满腹心愿，与我同生同长，哪怕你永远是一株成不了大树的灌木。

2005 年 10 月 17 日，罗金勇转院临沧市人民医院。2005 年 10 月 20 日，省第一人民医院贺怡波、樊楚明两位专家专程赶到临沧做了系列处理。一个月之后，他们三次下临沧对罗金勇的病情做了控制性处理。

罗金勇又一次大开颅。

头颅像西瓜一样切来切去，何时才是个头？万般心事无法对人倾吐，忧伤地聆听来自心底的哭泣，罗映珍将宣泄和排遣交给了笔。当时她的想法很朴素：金勇这次受伤，短期无法过正常人的生活，他的无意识会造成与社会脱节，这将对他今后的人生留下一段难以填补的空白，她决定用自己的笔为金勇补上这段空白。

罗映珍始终相信丈夫会醒来！她要在自己心灵的家园培植那棵万年青，用自己的笔记录每一天每一季的热泪、冰心和朝云暮雨。这中间，有组织的关爱，亲人的疼爱，朋友的挚爱，社会的无私大爱……好像是在记录一笔笔感情账，提醒着丈夫，你将怎样用一颗感恩的心，去印证你未来的道路，报答这个大爱无疆的社会。

那些日记平实而琐细，像记叙一个出远门的人，无论他行走多远，都有属于自己行程的导游，去赴一个遥远的梦境；无论他行走多远，都有一条属于自己的返程路，不至于使行程中只装上些毫无意义的埋怨与牢骚，而成为一个美丽的空壳。

写着写着，罗映珍发现这些文字像一把把开启她心灵的钥匙，畅行无阻的情感，将他们过去的日子燃烧成一片五彩的烟火，渗入她那已经板结了的小勐统，唤醒了她每根神经末梢的疼痛，惊起了往事的羽翼，使痛苦等待的日子变得丰满。

是啊，他们竟然从来没有写过一封情书！

现代人用现代化通讯手段，代替着中国乃至人类最古老最经典的爱的记录和传递方式，真是在糟蹋神圣，她决定补续这一课。

日记像一封封没有和无法寄出去的情书，感动着中国，感动着社会，居然唤醒了沉睡的丈夫，这是后话。

⊖ 第一封情书

★★★★★

亲爱的老公：

求你了，你千万要坚持住，一定要有信心，一定要有毅力，永远永远不要放弃。没有你，我不知道怎样生活下去。

难道你就要这样放弃你的家人，你的朋友，

你热爱的工作，还有你亲爱的老婆吗？

你怎么可以这样对我，你要如何对得起我，你忘记了吗？你曾经是多么地爱我，你曾经是多么感激我对你的爱，对你的支持、理解和鼓励，你忘了吗？你不止一次地对我说："阿林，你是我一生最爱的女人，我永远都不会放弃你。"你不止一次对我说："你嫁给我太亏了，没有给你买过一件好衣服，没有过上几天夫妻生活，让你受苦受累，过着清贫的日子。"你还说，你虽做不到最好，但你会尽量改变现状，给我安稳的生活。谢我嫁给你，是我的支持让你渡过一次又一次的难关。老公你不是要报答我吗？看见你伤得如此重，我的心都碎了。我晚上一夜夜不能入睡，每当昏昏欲睡时，总被那天悲惨的一幕惊醒，那情景让我的心一阵阵地疼。我感觉自己都快要崩溃了。

那一天你明明知道要冒生命危险，你还是不顾一切上前去盘查！如果当时你根本不曾警觉，或你虽然怀疑，但你完全可以睁只眼闭只眼，根本没有人会知道。可我知道，你根本不是那样的人。从认识你到现在已有7年，我了解你是不顾个人安危的人。多少次惊心动魄的经历，我都亲身经历和耳闻过。可看到你倒在血泊之中，我全身的血都凝固了，我几年来最担心的事还是发生了。我强忍着巨大的痛苦，叫喊群众，并亲手为你打针、包扎，亲手捆住一名毒贩，这要多大的勇气，如果你知道这些，你还会丢下我不管吗？老公，从你倒下后我一直呼唤你的名字，让你看妻子一眼，喊我一声，你一直没有！

老公，你一定要挺住，没有过不去的坎，我一直在你身边鼓励你，支持你，你听到了吗？看到你一头的伤口，发高烧，大汗淋漓，全身抽搐，四肢强直，骨骼都挣得咯咯地响，我都快崩溃了。如果可以的话，我宁愿受伤的是我。老公，你还记得吗？我们恋爱时因为工作特殊，你整天扎在村子上，几个月也难得见上一面。有一次在玉明珠村相遇，我俩差一点双双遭难，毒贩带着手榴弹。有一次下乡办案出车祸，你自己都受伤了，却忙于急救人、抬人，落下个终生的"陈旧性压缩性骨折"。这样的经历无数次，记得吗？你说："如果每个人都往后缩，等罪犯跑了，还去抓什么人？"我提醒多了你更可气可笑地说："我有我做人的原则和人生观、价值观。"这是你说的，除了你的妻子，别人都不会相信。

婚后第二天，你就到鸭塘村办案。

有一天晚上你给我打电话说："老婆，明天局长要我去县里上班，怎么办？"我知道，你觉得对不住我。再舍不得，我也只好说："服从命令是你的天职，服从组织安排就是了。"过后你还感动地对庆文他们说："我老婆真是太明事理。"

你到县上后工作很繁忙，经常加班。我也很忙，没时间去找你。一次，我到县上开会，周末我约你一道回家。车到永康街，你手机又响了，二话没说，下车打了辆出租车赶回单位去了。我们两地分居，工作、生活都不方便，我让你去找领导说说情，你总是迟迟不去，说不想低三下四求人。都已3年，我俩一直没要孩子。老公，你忘了吗？你几乎每次来电话都有一项固定内容："该考虑要孩子，总不能一辈子分居，一辈子就不要孩子。"

老公，快醒来吧！我不会再强求你。其实两地分居未尝不好，每到周末或节假日，我都会买上菜等你回来，我们还安慰自己说，距离产生美。

老公，起来抱我一下好吗？你从来没有给我写过一封情书，也很少给我发短信，而我不时发短信鼓励你，都是些名言哲理，其中一条是这样写的："好运令人羡慕，而战胜厄运更令人惊叹！"

你一定会战胜厄运的。

你知道吗，你倒下之后，所有的亲友都赶来为你担心落泪，半个县城的人都自觉赶来看望，一个老人还送来鸡蛋红糖。你的局长罗光良从北京回来看到你悲惨的样子不禁落泪，我的领导杜康文书记整夜守在病房外，还有多少领导为你忙上忙下，这都是你敬职敬业、老实善良、真诚待人的结果。醒来吧，老公，继续用你的爱心、你的行为去打动每一个人。

我们说过"执子之手，白头偕老"，请你握住我的手，永远不可以放，这是妻子最大的心愿，也是唯一的希望，一定要答应我。

老公，你听见了吗，你的爱林在呼唤你。现在我每天为你洗脸、洗脚、刮胡子、剪指甲、帮你熬汤、榨果汁，还为你种了一棵万年青，希望你的生命之树常绿，你的青春永不言败，如万年青一样。

老公，不要让我失望。你难道就不想看看我给你第一次写的信？也算是一封迟到的情书好吗？

你的爱林

2005 年 11 月 2 日

这之后，一门旷日持久的功课成了罗映珍的"宗教"。她试着将一篇篇日记念给丈夫听。那是在将他们的生活揉碎，揉成泉水般的眼泪；揉成亘古的月色，串成无数的花朵，去兜住一只饱满的金苹果，希望能为他们带来企盼的福祉。

罗金勇全身抽搐，手脚可怕地抖动并不是生命的苏醒，一阵阵痉挛抽风她按都按不住，口涎四溢，她揩都揩不尽。

谁不盼望起死回生？

在中国文化中，关于起死回生的故事往往交给神话去完成。只有神话才能让魔鬼偃旗息鼓。神话是浪漫主义的，神话是天真和美丽的，神话是人们向往的中心，因此神话无所不能。其实神话可以不负责任地逍遥，就像梦境对现实不负任何责任一样，丰富着一种寄托，一种憧憬而已。

罗映珍不相信神话，她却紧紧抓住那个神话般的寄托，并为之努力。已经离出事之日 50 余天，如果错过了综合抢救最佳时段，她的丈夫可能真如人们预测那样，成为一个永远醒不过来的植物人。

临沧市医院已经尽力，再往前走，很难。

这位从不轻意开口求人的女人，第一次向组织提出要求，恳求临沧市公安局长陈新钢，希望能将罗金勇转去云南省第一人民医院治疗，那里的医疗条件市级医院不可比。

2008 年 3 月 4 日，临沧市公安局局长陈新钢在他的办公室接受了我的采访。陈新钢极动情地与我交谈了两个小时，似乎意犹未尽。他说："罗映珍是个好女人，她根本没什么杂念，一心想着怎样才能对罗金勇的治疗有利。当时乃至今日，罗映珍起到的作用，是我们任何人代替不了的。别看罗映珍朴实得像个未经事的小媳妇，她遇事的果断从容，是一般自命不凡的女人所不能办到的，罗金勇这一去省城，市公安局很难承担过重的医疗费，但我同意了。大不了我去省厅求领导，或者向社会呼吁援助都成，为了我的兄弟们，我不怕丢这个人。当时，人家送给我一个火腿，我转送给罗映珍，让她改善一下生活。"

2005 年 11 月 29 日，罗金勇转至云南省第一人民医院治疗。

在准备行李的过程中，罗映珍带上了那盆万年青。这盆万年青，说来是移栽物，从地里移到盆里。罗映珍想着，这棵树一定要跟着他们背井离乡，不管多么艰难，一定要让这棵寄托相思、寄托希望的树紧紧相随。

→ 永不放弃

★★★★★

云南省第一人民医院神经外科，是个超负荷运转的科室，那才叫一个挤。病床几乎没有空闲的时候，临时加床在过道上，医护人员得侧着身子通过。

罗金勇转来这个科，王天朝院长要求全面开通绿色通道，保证每一次每一步救治方案及时到位有效完成。

重症监护室临窗的48号床位，几乎成为罗金勇的专床，相对而言，那地方的新鲜空气多些。重症监护室，病人家属也不得入内。罗映珍的脸紧贴着那扇玻璃门，无声的泪擦花了玻璃，她整天整天地站着，整天整天地悬着心。

罗金勇肺部阴沟肠杆菌感染、金黄色葡萄球菌感染、肺水肿、心衰、肝功能损伤、上消化道出血。2005年底，头颅脑积水，三脑室扩大明显，对两侧丘脑产生压迫，必须进行手术分流，罗金勇的头颅再一次被打开。

离医院不远的云津街，罗映珍租个临时住处，住处深深地藏在菜市场里。罗映珍每天穿梭其间，羡慕那些夫妻小摊主，蝇头小利维持着温饱之家，那是幸福，这种幸福离她远了。她羡慕那些锱铢必较，算计每一分钱争争吵吵在买菜的老夫妻，也许他们争吵了一辈子，吵出了婚姻的原生态，这种和谐，离她更远了。

罗映珍打开临时住所，一股挥之不去的凄凉扑面而来。屋子空旷而清冷，打个地铺，那是她的窝。几件简单炊具，几个废物利用的纸筐、瓶子，仅有的"贵重"物品是罗金勇的营养品，属于罗映珍的，只有一张小方桌，那是她每晚做"功课"的地方。

新的一本笔记本打开，扉页上她写着《约定》。

长痛如歌，行板如吟，一篇篇朴素的日记，在小方桌上摆满一摞。写着写着，罗映珍陷入沉思……

她以往很爱读文学作品，特别是缠绵悱恻的爱情故事，认为那是人的精神大典。在她梳理情感的夜晚，一个个熟悉的故事角色向她走来：牛郎织女、天仙配，那是天人合一的神仙人物，幻化中的绝唱像天边彩云，美好在虚无缥缈间，她不可能去追逐天边的彩云；卓文君、崔莺莺、唐婉、李清照，那是古典的美丽在对宿命的抨击、冲刺，一如闪烁于夜空的星星，可以欣赏，却不可触摸。倒是军旅作家韩静霆的一首《断桥遗梦》中的几句歌词，与她此时的心情十分合拍：

……桥断水不断；水断缘不断；缘断情不断；情断梦不断……

想着想着，她扑在小桌上睡着了：恐怖的鲜血向她涌来，丈夫在血泊中奄奄一息……她大声呼叫着"老公……老公……"罗映珍被自己的叫声惊醒，浑身发冷，随便抓件衣服披在身上，向医院走去。

这条路好漫长啊。仅仅隔着一个广场，仿佛隔着万水千山。

这条路好黑啊！明明有不灭的街灯，全像张着嘴的怪兽，居心叵测地要吞噬她的丈夫。

罗金勇睡了，护工在精心守护着。

2006年年初，又一场严峻的考验来临。

罗金勇多灾多难的头颅，面临着又一次手术。颅骨缺损钛板修复术，听起来都使人全身发憷。罗映珍没有将这份诊断书给亲人看，非常冷静地答应了这次手术。

这天夜晚，主刀专家赵建华没有回家，他请来了有关专家会诊，聚集所有接触过罗金勇病体的医护人员，进行了长达三小时的研究。赵建华知道，手术没有偶然性成功这一说，必须做到万无一失。方案相对统一，赵医生还是觉得缺点什么，抱来所有关于罗金勇的病历，细心寻找着每一次

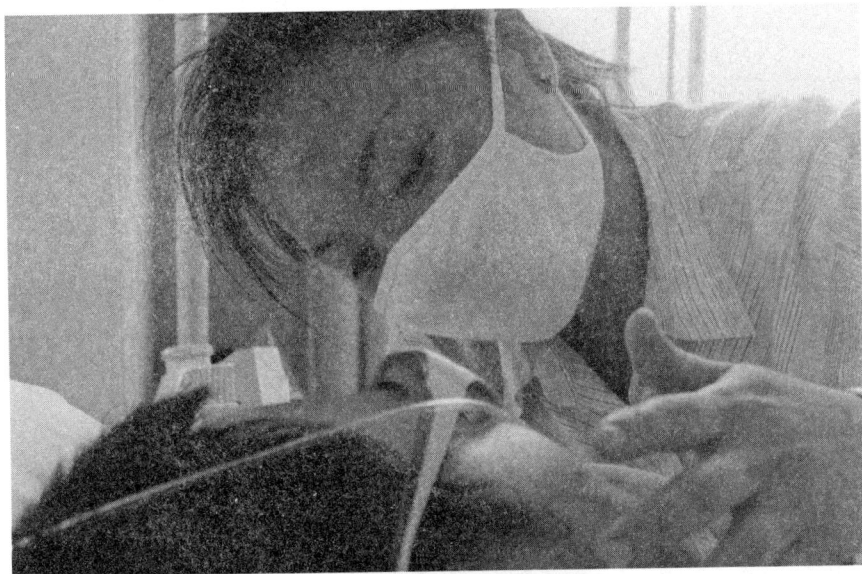

△ 罗映珍为丈夫念情书

危险时处理的细节。如果说那些手术是在"救命"，这一次手术已经进入与死神较量。

这天夜晚，罗映珍也没回临时住所。她亲自为丈夫清洗肌体和消毒，边做着这一切边对仍无知觉的丈夫说："老公，你是民警，你是战士，在凶恶的罪犯面前你都临危不惧，我相信在伤痛面前，你一定有勇气战胜，就算命运给我们的又一次考验吧，我和你共同去承担所有的疼痛和苦难。我，你的爱林，你看一眼你的爱林，必然有更多的勇气。你看，你的爱林在笑哩，咱们不哭……"

其实，罗映珍一直在流泪，她差不多是用眼泪为丈夫滋润每一寸肌肤，这眼泪所浇灌的，绝对是经典的美丽。

天亮了!

高原冬日的太阳破窗而入，罗映珍再一次为丈夫洗脸洗口腔，她将脸贴上去，一次又一次叫丈夫"宝贝"、"乖乖"、"心肝"，一概不觉得别扭，那一刻，她像坚强的母亲。一个博大而澄清的角色，在26岁的罗映珍身上诞生了。

手术非常成功。云南省第一人民医院创造了一个在国内外报道中均属罕见的奇迹。

一到年关，仿佛病魔也回家过年，能出院的都出院，该住院的也硬扛着。年节，似乎对每个人都有一种心理暗示。

罗映珍准备了几样丈夫平时爱吃的小菜，明知金勇不能咽食，她还是将火腿肉在他的唇边抹了抹，说："老公，我们过年!"她举起一杯白开水，沾了一点在金勇唇上，说："宝贝，我的阿乖，过年了，咱们干杯!"

罗映珍给丈夫戴上如意香囊，点点鲜红给病房带来一丝生气，病房里，还有省公安厅送来的花篮鲜丽着。罗映珍将《约定》歌曲放得轻柔，把自己的头放在丈夫头颅旁边，委婉缠绵的恋歌，在病房中余音袅袅，非同寻常的大年三十，渲染出格外动人宁静的情调，只有缪斯在歌唱。

罗金勇除了几次抽搐，乖得像婴儿。

罗映珍被愿望和现实撕扯着，婚姻这盘棋将是怎样一个结局，她真的不敢往下想。婚姻中，不能承受的东西太多。她轻声地念着自己写的一篇日记，用"情书"与丈夫对话，希望往日的温存，在她的脉脉情话中复苏。

一点知觉也没有，一点迹象也没有。丈夫强直呆滞的肌体像木偶，别说男人的信息，生命的信息也是微弱的。日光灯照在墙上，白白的一切反衬回来丈夫一脸的惨白，扁平而且怪异。呼吸机似有若无的声音游离着，丈夫的两个鼻孔大张着，一个她想过无数次，又从没想透的结果，突然可怕地向她扑来……她需要的情愫，眼前这个人暂时给不了她，围绕在她周围的人也给不了她。所有人都称赞她坚强，只有她自己知道，其实她很懦弱，才26岁，她承受不起太多的凝重。渴望亲情的她，将嘴唇放在罗金勇的嘴唇上，她用舌尖去舔那干裂的嘴唇，舔着舔着，一串串泪水落在丈夫原本英俊而今难识旧颜的脸上，她心头的那份痛，摧残着她，纠缠着她，绞杀着她。

《约定》的旋律反复无止无休，为赶走那份伤痛，罗映珍为丈夫和自己唱起了大年夜的情歌：

你我约定 / 难过的往事不许提 / 也答应没有秘密彼此很透明 / 我会好好地爱你 / 傻傻爱你 / 不去计较公平不公平……

这天夜里，罗映珍在日记中写道：

只要你还有呼吸，老婆就永远陪在你身边，永远也不抛弃你。这是我们俩的约定。老公啊，你快醒来吧，我还要等着你好好爱我。没有你，没有你的爱，我活着还有什么劲？

→ 守望中的每一天

★★★★★

日子如不系之舟，漂着。

每天早上，罗映珍将搭配好的食品搅碎，滤成浆，煮好后装在几个不同的瓶子里，提着这些瓶瓶罐罐往医院赶。她进门就叫着："宝贝，老公，该起床了，再不起来你会迟到的。"一如当时在小勐统上班，她又补充着："干粮和水我已经给你备好，还有几块巧克力，扛不住饿的时候，巧克力能补充热量。"

她煞有介事，说得跟真的似的。

她替他洗脸、漱口、刮胡子、梳头。

她为他清理头天晚上的污秽。

她为他翻身、按摩，用她想得到做的和可

能做的，来帮助丈夫的肌体醒来。

罗金勇身高体壮，长期卧床使他的身体沉重，娇小的她一点点地进行，怕动作太快太硬太重，罗金勇会难受。虽已大汗淋漓，她从不言累，因为病人长期卧躺一种固定姿势，会生褥疮。她将丈夫搂在怀里，轻轻拍打他的背，将脸贴着丈夫的脸，嘴对着丈夫的耳朵，明知对方毫无反应，她还是不停地说："宝贝，阿乖，我也不想这样折腾你，但这样做对你有好处。宝贝，咱们从头再来，你要好好配合你的老婆。"

人还是罗映珍熟悉的那个人，躯体不再是熟悉的躯体。浑身每一块肌肉僵直，像一块大荒地，板结坚硬，毫无生机。手指似蜘蛛的腿，弯曲着，指节好像长了许多，指端尖削。脚的形状反弓着，像体操运动员绷直的脚尖。

搓、揉、拍、打、扯、拉，罗金勇在妻子手中，如变形金刚。

在一天又一天望不到头的日子里，罗映珍是这样度过一个个24小时的：

日复一日，月复一月，就是护理你。每天洗漱、翻身、拍打、按摩、擦洗大小便、换单子、打汤、打药……每天24小时重复着，没有好好地休息过，没有好好吃上一口。每天翻身、拍背12次，用了5个小时；打汤、打药14次，用3个小时；洗脸、擦身、洗大小便、换单子，用去2小时；量血压、测体温、擦口水，用去3小时；和你讲话念日记给你听鼓励你亲吻你，又用去3小时。24小时还剩8小时，用来做饭吃饭上厕所睡觉，有时还得上街买日用品，这还得是你病情平稳的时候，否则就天天站在床前，观察你的体征变化，这就是我每天的生活。

——摘自罗映珍日记

同一个科室，像罗金勇一样的病人，还有两位。一位挺过两个星期，走了；另一位活了一年半，还是走了。罗金勇能挺住，罗映珍感谢上苍的眷顾，她不止一次对我说，这是丈夫不忍心抛弃她。

只要罗金勇还有一口气，罗映珍就觉得希望还有，她重复最多的话是"永不离弃，永不放弃"。

另一份焦虑，比护理更具体：钱!

罗金勇的医疗费犹如一个天文数字。组织上已经很关心，医院也通情达理，但有些事还得她自己去协调。开口求人，她很敏感，任何一个眼神都会让她想到些别的。她不好再催也无力再催，有果无果她都会在日记中记上一笔：医药费又拖欠了。

他们夫妻俩加起来的月薪2400元左右，罗金勇一个人的营养花费去大半，昆明生活费用高，剩下那点钱维持出租房中的日常生活，有时还加上罗金勇父母的生活费，她快撑不住了。

乡居惯了的罗映珍开始睡不着，后来发展到失眠，两者的概念不是同一个层次。

睡不着的夜晚，时间很难熬。心烦意乱，她又扑去小方桌，对着录音机，她掏心掏肺一个人在那里倾诉，当然还有一个听众，那人是她的丈夫。这些录音，整理后成了"情书"记在日记本里，原声带代替着罗映珍，放给罗金勇听，起着药物之外的作用。到后来，听不到这种声音，罗金勇烦躁痉挛，不肯睡去，很难判断他是有意识，还是无意识。

失眠初更，尚有邻家孩子的哭闹声。

失眠三更，夜阑人静。

失眠五更，敲窗冷雨卷着往事，心潮起伏。

按医学常规，罗金勇恢复说话功能的几率很小：过了300天，各种功能康复的几率更小。她才27岁，她还没有完成一个女人的全过程。

2008年3月4日，临沧市公安局局长陈新钢在接受我的采访时说：

2006年中期，庞大的医疗费让我犯难，那时还没有一笔专项资金。我劝说罗映珍，咱们花几万块钱买台呼吸机，回临沧边治疗边康复，这样市公安局也可以多管些你们生活上的事，你也会多几个帮手。其实，我想说医药费的压力，当着罗映珍的面根本无法说出口。

罗映珍再一次说服了我。她说领导的好心和难处她都知道，她相信只要大家共同努力，困难总会克服的。陈局长，我们都不要放弃，我自己是不会放弃的，再苦、再难，我们都坚持下去。

　　罗映珍更加卖力于丈夫知觉的感应，她大胆地冲破禁区。在护理过程，她的手和罗金勇的手合在一起，她将这只手放在自己胸部轻轻地按，慢慢地"走"。这块"土地"是男人的立足地，小时候在"土地"上吸收养分，青春期以后，在这块"土地"上寻找精神安慰。是男人，总离不开"土地"，女人亦然。

　　两只手走着走着，罗金勇的头动了一下，手也在罗映珍手心动了几下，她感觉到了。她心中一阵狂喜，俯下身去怎么肉麻怎么叫，怎么亲热怎么来。

　　努力未必会有结果，罗映珍必须努力。

　　她每天一如既往，做着与死亡抗争的事。一天护理下来哪怕骨头散架，而那每天必做的事，自2005年11月2日以来，从未停过。日记或者是后来媒体中多次提到的"情书"，是他们共同的心灵良药。她在日记中写道：

亲爱的老公：

　　今天是 246 天了……

亲爱的老公：

　　今天是 316 天。

亲爱的老公：

　　今天是 322 天。

亲爱的老公：

　　今天是 327 天。

亲爱的老公：

　　今天是 403 天。

　　……

亲爱的老公：

　　今天是 457 天。

　　2006 年的最后一天，要是在单位的话，也已经放假。如果不加班，你会回来和我相聚，但我可能又不放假。想想工作多年，一心扑在工作上，一年到头除了春节外，基本就没有休息过。白天上班，晚上值夜班，没有周末，没有假期。你在办公室，可也有节日放假的机会，我却比你更忙。现在呢，终于天天和你在一起，你却什么都不知道。我已经在病房中度过了第二个生日，去年你就说要给我过生日，可生日的时候，你却倒下。

你经常说，你很满意你的婚姻，非常幸运娶了一个好老婆。你是那么渴望有一个孩子，只要你能站起来，你的身体健康才会有聪明健康的小宝宝。我每天靠在枕边不停地说，不停地讲，自己都被感动，可你依然不为所动。说情话、忆往事、讲将来，不停地给你打气，我只想用我的善良、我的爱去感化你，去创造奇迹，我坚信爱是最伟大的力量。

亲爱的，坚持! 挺住!

你的爱林

2006 年 12 月 31 日

亲爱的老公：

今天是 458 天。

新年好!

在无尽的痛苦和艰难中，都已经跨越了三个年头，我也从 25 岁走进 28 岁。岁月就这样无声流逝，我和你在病房竟生活了三个年头，不知道还有多少个日日夜夜要在病房里煎熬。不管多少个日夜，不管还有多少个年头，只要你一息尚存，只要你给我坚持的机会，我会一直坚持下去! 宝贝，只要你能站起来，我无怨无悔，新年的钟声已响，但愿在新的一年里你能够醒过来。只要你能平平安安度过每一天，希望你心中有爱，永不止息。

爱是你的力量，是火焰。不仅仅有爱，还有更重要的责任，对家的责任，有老婆这样坚守，你又怎么能放弃？你又怎么会忍心辜负老婆的心血。坚持吧，老公！忍耐和坚持到底，老婆陪你一起走下去。

你的爱林

2007年1月1日

一条大爱无疆的河流

→ 忽如一夜春风来

★★★★★

2006 年 4 月，公安部授予罗金勇二级英模称号。

2007 年 1 月 11 日夜晚，公安部党委委员、政治部主任蔡季安代表中共中央政治局委员、中央书记处书记、公安部部长周永康，到病房来看望罗金勇。中共云南省委常委、省政法委书记、省公安厅厅长孟苏铁等领导陪同前来，病房一下子春风荡漾。

随同作新闻报道媒体众多。《云南信息报》一位叫王锦的记者没按常规等待发通稿，想了解一下英雄妻子，在这 466 天中怎样熬过来的。王锦得知罗映珍长期坚持写日记，把每天的生活记录下来，并用录音机录下对丈夫绵绵不尽的情意，相信这种声音能呼唤生命，王锦感动了。

此前，不少人也知道罗映珍坚持写日记和录音，希望真情能成为安慰和鼓励丈夫的良药。有人提出要看看那些日记，包括领导。罗映珍始终认为那日记是她写给丈夫看的，始终相信丈夫有读到这些文字的那一天。

王锦说服罗映珍，系列报道从 2007 年 1 月 12 日开始，陆续见之报端，包括日记。

此后，罗映珍的日记和他们夫妻的故事，出现在报刊、网络和口传中。新华社记者写的一份"内参"送进中南海，胡锦涛总书记看到后，作出重要批示：

道德力量是国家发展、社会和谐、人民幸福的重要因素。他们的感人事迹弘扬了人间真情，体现了中华民族的美德，是践行社会主义荣辱观的优秀典型，要进行重点宣传。

从此，一个叫罗金勇的民警感动着社会，一个叫罗映珍的女人感动着人心。

罗映珍就这样走进公众视线。

社会的热忱紧紧追随爱情这个主题，人们在这个平凡朴素的女人身上，诘问那个已经远离了人们视线和心底的爱情是否不朽；人们在思索和感叹，罗映珍的行为，是在寻求和捍卫爱情，还是在诠释人生的真谛；人们在议论，爱情的核心是什么，牺牲和保全孰重孰轻。

2007 年的上半年，罗映珍获得许多荣誉，但颁奖台上没有罗映珍，她不能离开罗金勇一步。在昏迷了 400 余天之后，罗金勇的一个指头会有意识地动那么几下，进而他居然会按妻子的嘱咐用不灵活的手表示对医生的感谢，不再处于植物人状态。而常常突发癫痫，状态非常吓人。罗映珍开始关注医疗信息，很想为丈夫寻找一些良方，让他尽快好起来。丈夫有时会做出知道疼痛的指指点点，却始终找不到准确部位，在他的手指下，五脏六腑都在疼痛似的。有疼痛，说明神经在慢慢苏醒，给罗映珍带来酸苦和鼓舞。

2007年5月，云南省公安厅和临沧市公安局特招罗映珍进民警队伍。从警嫂变为警察，她感到无上荣光，也感到担子更重。

2007年5月以后，全国各大媒体、各地电视、广播、报刊、网络对这对苦难夫妻进行全方位报道，罗映珍600多篇爱的日记，以不同形式逐渐展现给广大读者。关于日记公开发表，她开始不能接受。几位领导多次找罗映珍谈话，表达了一个最朴素和直接的意思：

我们的一线民警出生入死，意外伤亡不可避免。他们的家属，受的磨难不比民警小，安抚工作很难做，你的大爱和大义，你的行为，是对我们工作的最大支持，你为我们的民警家属树立了榜样，这些日记的激励意义和教育意义，有时比大道理更管用，希望你能更好地配合我们的工作。

话说到这份上，罗映珍再不配合，那才是矫情。

2007年5月12日，新华网推出特稿：一名警察妻子写给"植物人"丈夫的600多篇日记。与此同时，央视黄金时段播放了这条新闻，央视专题栏目播放了对罗映珍的采访。

这些信息，很快进入首都一位医疗界资深专家的视线，这位专

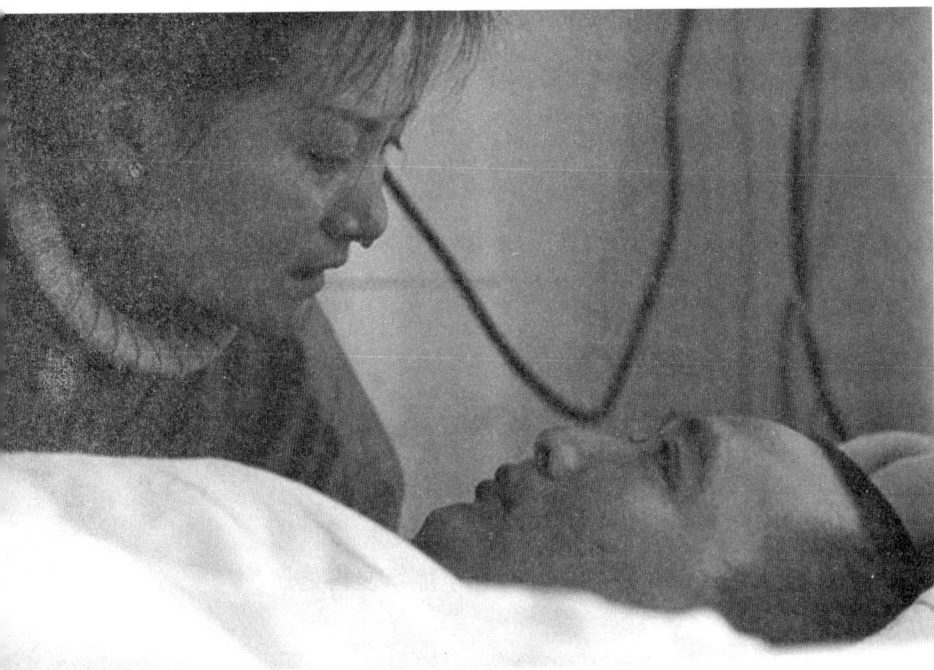

△ "老公你要挺住"

家就是首都医科大学宣武医院凌锋主任。女主任读着和看着这些报道，久久难以平静。她医术精湛，性格坚毅，从医三十多年，只要有一线希望，就要百倍努力，创造一个个康复奇迹的人。凌锋先找公安部，又亲自飞来昆明查看罗金勇的病历，向省公安厅表示，她有信心接手罗金勇的治疗。

这时，公安部机关带头为罗金勇捐款，江苏、广东两省公安系统纷纷发起捐款，一个叫李春平的民营企业家，一次性捐赠医疗费20万元人民币……各种捐款共计200余万，这笔善款由公安部专项保管，保障了罗金勇相当长一段时间的康复治疗。

罗映珍同意转院到首都医科大学宣武医院继续治疗。她感谢云南省第一人民医院、临沧市医院、永德县医院在抢救罗金勇生命中所付出的极限努力，从此开始了为罗金勇的康复，辗转南北的八千里路云水。

云南省第一人民医院院长王天朝说："罗金勇同志在我院的 557 个日日夜夜，在医护人员的精心救治下，他已能辨认熟人和写出他们的姓名，尽管我们舍不得他走，但还是希望他在北京能恢复得更好。"

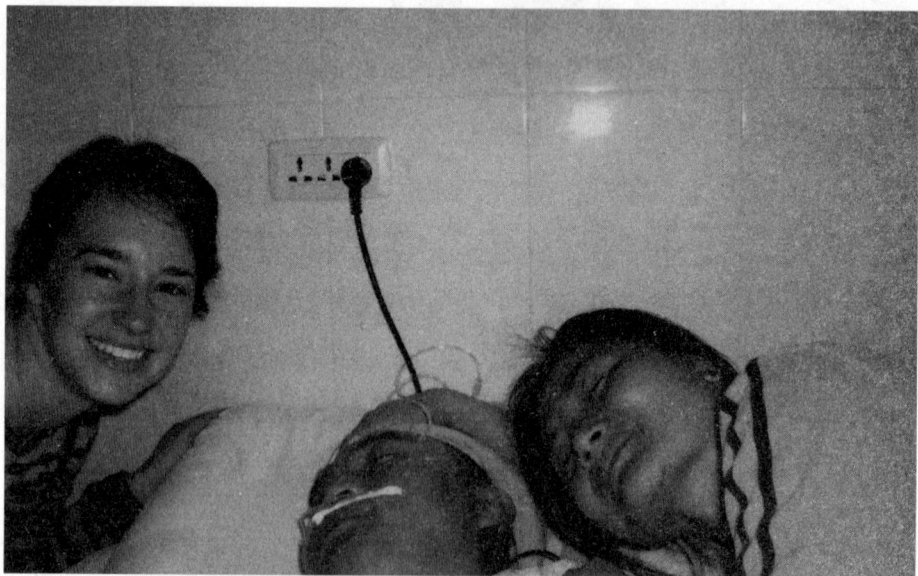

△ 罗映珍的幸福时光

罗金勇能够到北京治疗，罗映珍虽不是关键人物，至少是推动人物。是她的不离不弃，是她的真情呼唤，是她最终战胜自己，敢于面对媒体一次次揭开心灵的伤疤，回答各种刁钻古怪的诘问，在悲痛中尚有一份从容和执著，感动和激励了所有的人。

→ 庄严的军礼

★★★★★

2007 年 6 月 8 日，启明星尚在春城天边眨着眼睛，东方欲晓。等待不及的白光轻轻拨开沉沉夜色，云南省第一人民医院已经在为即将起程的英雄紧张地准备着。

宣武医院康复科 322 号病房，在此三天前就进行全面消毒。这间病房是个卫生和生活设备都很齐备的单人病房。北京是个很讲"级别"的城市，这种规格的病房不到一定级别，用多少钱都安排不到。罗金勇没有级别，社会关爱就是他的级别。细心的护士长知道罗金勇最爱听《约定》，准备好光盘。病房墙上，挂有祝福语，一个大大的中国结悬于窗前。

北京市长椿街 45 号，宣武医院呼啦啦占了半条街，不怎么宏伟的大门，被 16 块牌子压得又累又风光，它们代表着权威、实力、个性，还代表着首都那种特有的协调与张罗功能。

罗映珍第一次看见这些牌子，信任感油然而生。她懂得这些牌子的分量，她希望这些牌子给她一个承诺。事实上，这次成功转院过程，已经给了她一个承诺。

罗映珍脸上有了久违的笑容。这笑容，与其说是对宣武医院的信任，不如说是来自边地女子对首都的信任，对组织的信任，对社会的信任。

众多专家对罗金勇进行诊断评估，结论如下：

脑外伤后遗症：认知功能障碍、构音障碍、吞咽功能障碍、废用性肌萎缩。鉴于罗金勇严重颅脑损伤病程近两年，目前存在假性球麻痹，吞咽功能差，咽喉部肌肉挛缩、失语，全身肌张力明显增高、肢体肌内严重萎缩，关节固定，康复训练非常艰难、痛苦……

看到这儿，罗映珍内心又一阵疼痛：金勇，你一定要挺住、坚持、坚定，老婆和你一起共度苦海。

从走进宣武医院那一刻起，罗映珍的思想发生了质的飞跃，会做一些逆向思考：在三年里，如果没有悲伤和震撼，如果没有苦难，女人生命中的许多未知能量，将永远不会醒来。是罗金勇的不幸调动着她所有的感知，还有智力，她已经离不开罗金勇，而不仅仅是罗金勇需要她。她没有理由，让昨天的眼泪，一如既往挂在今天的眉梢。

宣武医院肢体康复训练室，宽敞如一个可容百余人开会的大厅，各种器械林林总总。与之相呼应，是病人痛哭的、喊叫的、撕扯的、恐怖的、痛不欲生的、死去活来的、鬼喊辣叫的，犹如一堂堂狱中酷刑。来自全国各地的病人和他们的亲属，没有一个会放弃强制性训练，那种与死亡抗争的执著，谁见了都会发憷和感动。罗金勇的专职医生

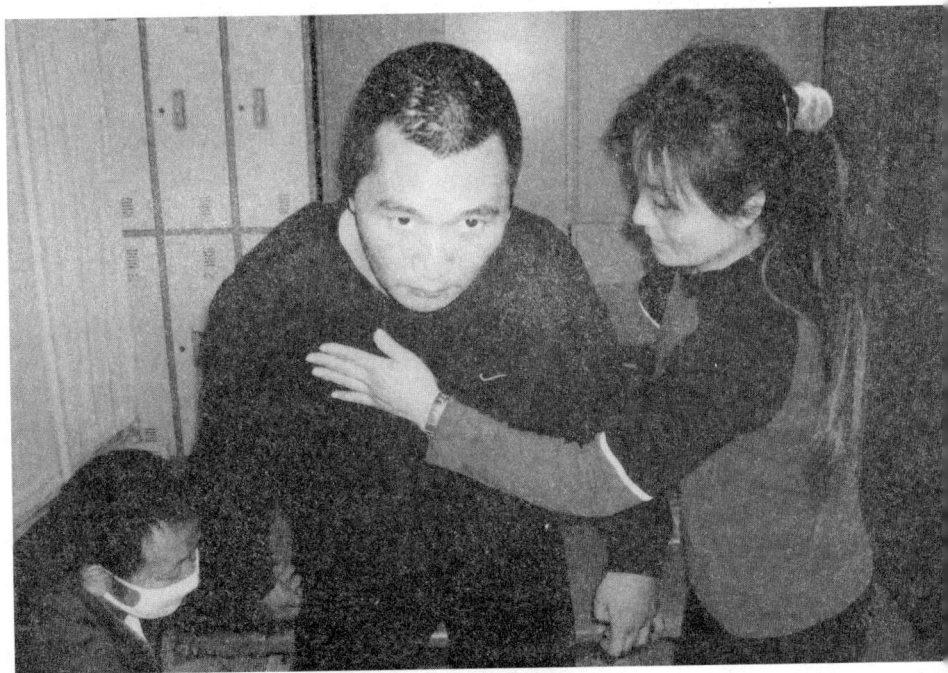

△ 罗映珍在帮罗金勇做康复

潘钰说:"罗映珍是我们少见的智慧又坚强的家属。围绕着罗金勇的康复训练,她主动而积极地开展着系统工程,她比病人更坚强,更有耐心和毅力。"

一旦疼痛,罗金勇便一头扑向罗映珍怀里做婴儿状,将罗映珍当成了娘,而不是妻。她认了这个双重角色,但拒绝丈夫对她像婴儿对娘一样的依赖,鼓励丈夫首先要战胜惰性,做一个坚强的男人,不失英雄本色的男人。

罗金勇的智商,不如一个蹒跚学步的婴孩,罗映珍认了,她开始了一个母亲对孩子从零起步的训练。罗映珍发现,在这些琐细的训练过程中,丈夫眼睛里的内容一天天多起来。他清澈如孩童般的眸子,会寻找训练器械,不管多疼多累,他会一样一样地配合,并能在心里默默记数,用手势告诉妻子:60、66……这种时候,罗映珍会吻一下丈夫面颊,竖起大拇指说:"宝贝,乖乖,你真了不起!"那时候,罗金勇羞羞地将头抵去妻子怀里,做撒娇状,可爱而使人百感交集。

2007 年 7 月,临沧市公安局局长陈新钢代表组织,在首都医科大学宣武医院康复科 322 号病房,为罗映珍授警服、警徽、警察证,并教罗映珍一些警察的基本知识,为罗映珍示范怎样敬礼。

那一天病房庄重宁静,罗金勇显得格外安静,他目睹了整个仪式,居然索要纸笔,在纸上歪歪斜斜写出了"陈新钢"。

罗金勇第二次索要纸笔,更让人想不到。蒙童似的笔画在纸上七歪八扭,绕来绕去竟然是:老婆我爱你!

罗映珍捧着丈夫迟到的"情书",庄重地给丈夫敬了一个军礼:"老公，我们现在是战友了，咱们都要像战士一样坚强。"她心中那个计划，更坚定，更明朗。

→ 走出病房

★★★★★

老城根街 38 号，公安部为罗映珍在这里租了一套住房。公安部禁毒局局长杨凤瑞、宣传局局长单慧敏、人事训练局副局长尹云亲自为罗映珍安排新家，全套家具、炊具、电器之外，还为罗映珍备了一台笔记本电脑。俗话说：京城居，大不易。有了公安部精心安排照顾，罗映珍克服了种种心理障碍，寻找到京门故里的暖意和感觉。

老城根离宣武医院隔着一条马路一条胡同，中间有个开放式公园亭阁整齐，树木疏直，花草有姿，林鸟有趣。在人稠如鲫的京都老城，很难找到这种闲适地。这个地方叫宣南，曾经是京城南城门。汇聚八方商贾、南来举子、三教九流，一时车水马龙，繁华而且激进，豪情而且平民。170年以前，留下许多不曾远去的往事，令现代人感慨、扼腕、怒发冲冠。清朝道光十八至十九年，宣南聚集了众多有志之士，他们居庙堂忧其民，处江湖忧其君，见鸦片的毒害使国穷民衰，在宣南发起了一场声势浩大、震惊朝野、举国上下齐振臂的爱国禁烟运动。

公园一侧的长椿寺，今日庙堂的主要人物是当年上《严塞漏卮以培国本折》（即名垂青史的《禁烟折》）四员志士魏源、龚自珍、黄爵滋、林则徐等禁烟运动的发起人和执行者。

关于那段历史，罗映珍是学过的，至于这几位要员或者说民族大英雄，罗映珍不甚了了。她常行走于医院与住地，不时弯进长椿寺去膜拜四位英雄，私下里有几分对丈夫崇尚的事业高看一眼的意味。

回到病房，她会将自己的感受讲给罗金勇听，一点点渗透，一次次重复，丈夫似有感应，会发出"嗷嗷"声。罗映珍得到启示，她想让罗金勇"走"出病房，去长椿寺感受与他职业相关的荣耀。

跟丈夫说话，是罗映珍必不可少的护理内容，每天至少不停地讲上几个时段，她把这称为"话疗"。丈夫植物状态时，话疗不让他的思维神经和肌体一块儿睡去，丈夫终于被她唤醒；初有意识迹象，话疗鼓励丈夫积极配合治疗，克服各种并发症的折磨，坚定活下去的信心；生命体征恢复以后，话疗启发丈夫婴儿般的智商，引导他连贯起断续记忆，往正常轨道上努力。

百试不爽的话疗，内容从情话、生活片段到社会层面逐步升级，这一次，罗映珍将话疗往故事发展、历史拓展，主题升级成与丈夫事业相关的"禁毒"，她想到长椿寺。

医护人员对她的想法并不认可，罗金勇坐都坐不稳，体弱到经不起一丝风，往往是他打一个喷嚏，一群人都在忙，如果稍有疏忽引来并发症，谁负责任？

罗映珍很有耐心，她说，咱们试都不试，也不是积极办法，他终归是要走出去的。

软磨硬磨，双方都作了让步：去公园可以，去长椿寺不行。

那么，关于长椿寺里的故事，只好由话疗继续完成。罗映珍努力了，做到了。

宣武医院为罗金勇置办了很好的轮椅，每逢天气暖和的时候，医护人员和罗映珍推着罗金勇来公园，遛鸟的、下棋的、在地上练书法的……每逢此时，都会对罗金勇有亲切表示。医护人员灵机一动，讲起了罗金勇的故事，更引来一份崇敬。宣南地区的人素质就是高，本来白发苍苍的老人们常常不厌其烦地说着昨天的往事，禁烟运动是他们的骄傲，是他们经久不衰的话题，来了位禁毒负伤的英雄，老

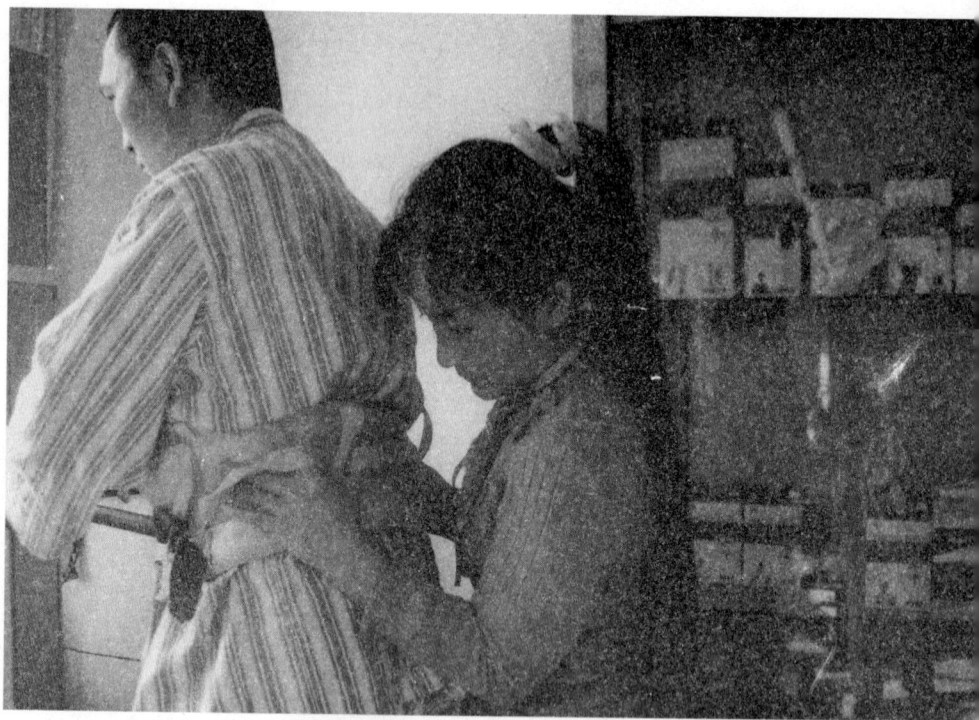

△ 罗映珍用安全带固定丈夫的身体

人们更来劲，表扬、夸奖、祝福、祈祷，罗金勇会
淌着口水"作答"，心情好极了。

日子一长，孩子们也很喜欢这位英雄叔叔，
跟他敬礼、握手。有大胆的，还会自己爬上轮椅，
乖乖地靠在罗金勇身上。罗映珍就推着这"父子俩"
缓缓走、慢慢行。车轮间，不时会满载欢笑，罗金
勇不时落下一些谁也听不懂的单音节。只有罗映珍
听得懂：他渴望家庭原型，渴望孩子，渴望社会参
与。他害怕被抛弃、被遗忘。

罗金勇仍然没有力量自己坐稳轮椅，拦腰一条安全带固定着身子，上翘的踏板固定着腿脚，一条毛毯挡风又遮羞。细心的妻子很注意丈夫的公众形象，除了自己家人，没有必要让同情或者怜悯的目光刺激丈夫的自信心和自尊心。

→ 我爱北京天安门

★★★★★

罗金勇还不能说是一个意识完全清醒的人。在他部分有限复苏的意识中，常常因为一件事的触动，而产生强烈反应，表现出来的状况非常残酷，是抽搐而不是病体自然反应的癫痫，类似心灵大恸的震颤，除非用特殊的方法解除他心中的郁结，否则药物会失效。

天安门公安分局的局长，来宣武医院看望罗金勇，话语中多次出现"天安门"。罗金勇仿佛从遥远的梦中走来，人们离去之后，罗金勇眼睛直了，全身开始控制不住地抽搐，医生正要用药，被罗映珍止住。这段时间，应该说丈夫病情控制得不错，去公园透气的时候，他也表现得很得体，何以反常？往老城根街38号居所走的路上，罗映珍百思不得其解，十几分钟可以到的家她走了半个小时。来到住地，保安向她敬了个礼，她当时没在意。睡在床上，她翻来覆去回忆这一天的每一个细节，心中豁然有了"解"。

第二天，她试着问："宝贝，你是不是想去天安门？"

罗金勇很快点头，兴奋如孩子。

泪，刷地一下模糊了罗映珍的眼眶。尽管对丈夫讲过无数次，咱们已身在北京，但他还是一脸茫然，不知身在何处。现在明白了，明白了就好！但以他现在的体质，完成不了一次庄严的远行，倒是可以用丈夫自己的愿望，加强康复训练。

听懂了妻子的意思，罗金勇表现得很出色，在一台训练机上累得满头大汗，罗映珍想让他休息一下。他总是摇头，眼睛总是望着另一种肌能训练机，向那机器点头。

宣武医院到天安门广场，距离不短，要完成这次远行，"坐起来"很重要。训练罗金勇"坐"，罗映珍有些"狠"，她没因金勇的劳累而手软，也没有因金勇汗湿衣衫而温情脉脉。她像一位严厉的教练，抓住分分秒秒，争取一点一点地突破。她像一个心理医生，诱导着他一次次进步，说："你真棒，宝贝，这样努力下去，咱们就可以去天安门。"她抱着他，拉着他，托住他，稳不住倒回去又从头再来。

一次次失败，又一次次从头再来。

罗金勇的听力不成问题，反馈到头脑，由哪一根神经来表达这个意识，常常错位，令人啼笑皆非。要去天安门，"敬礼"必不可少，重创过的肌体手不是手，脚不是脚，鸡爪子一样的手指举不起来也并不拢，她就反复向罗金勇敬礼，"命令"丈夫也要还她一个敬礼，一点一点鼓励丈夫的手臂往上抬。

罗金勇又累又痛，软软地无力地放下手臂，头转向一边。

罗映珍顺着他的心意疏导："宝贝，咱们不急，但不能停止训练。流血牺牲都不怕还有什么困难不能战胜，能够向国旗敬军礼了，一定送你去天安门，天安门公安分局领导已经来过电话，随时欢迎你去。"

反复灌输同一个信息，成果斐然。从此，无论在床上还是在训练机和轮椅上，他那不听使唤的指头会并在一起，举起右手，做出一个个"敬礼"姿态。

2007年11月7日，罗金勇与天安门分局局长"相约国旗"的约定，终于实现。

北京天安门公安分局在等待着。

宣武医院康复医学科在忙碌着。

早上6时，为一次庄严的行程，开始作系列准备。

罗映珍为丈夫擦干净身子，打整好布满针眼的头。这头很不好打整，多次开颅留下的创伤，使头皮沟壑纵横露出一条条白白的头皮，特别是钛板修复术留下的那一大一小两个半球状，针眼比千层底还密，那些地方长不出头发，像一条条墙埂分离着秧苗，看着叫人揪心。

罗映珍小心地将罗金勇有限的头发打上摩丝，一根根摊平，给他穿上警服戴上警帽。虽然病魔纠缠日久，但因营养调理和面庞清洁保养到位，罗金勇不仅三年时间无褥疮和皮肤病问题，刮干净胡子再擦上润肤霜和唇膏，倒也容光焕发。

今天，罗映珍一身戎装，英姿飒爽。

9时，宣武医院的医生、护士、院领导、宣传干部及首都有关媒体，一支浩浩荡荡的队伍从医院出发。

罗金勇第一次真正意义上融入了首都的人流。

天安门公安分局将罗金勇"相约国旗"的这一次天安门之行，上升到一次对民警进行生动的爱国主义教育。这之前，关于这对夫妻的故事，全分局的民警耳熟能详。怀着对英雄的崇敬，对罗映珍高尚品德的尊敬，这一天，天安门公安分局的民警一个都没有少。他们三步一岗，五步一哨，为一个庄严的仪式表达着内心的感动和景仰。

安排的路线是：先上天安门城楼，再到天安门广场。

轮椅缓缓向天安门城楼推去，罗金勇一路不断地敬礼，他一脸阳光一脸激动，眼睛倍儿明亮。

轮椅推过金水桥，来到天安门城楼大门下，激动的罗金勇突然冒出一声"嗷"，只有罗映珍知道这声"嗷"表示什么。

头一天，罗映珍为丈夫准备了新行头，一个大的饮料瓶去了脑壳，再用胶布沿了一条白边。罗映珍红着脸感到丈夫"尿"得太不是地方，天安门城楼下哟！偷眼看去，一切人都表示理解，她从容地为丈夫解裤扣，将"行头"套进"龙头"……

11 时，罗金勇一行来到天安门广场升旗处，罗金勇对着国旗想把头仰上去，努力无果，他低着头，在轮椅上完成了他平生最艰难、最壮丽、最崇高的一个军礼。

　　湛蓝的天空下，鲜艳的五星红旗猎猎招展，广场干净、朴素、一望无际。远处的花坛里，黄菊盛开，万年青青翠，正是京城最美的秋色。

△ 罗金勇与罗映珍在天安门城楼留念

不少人向罗金勇围过来。

这两张面孔和他们的故事，人们都不陌生。有嘘寒问暖的，有要求合影的，有握手敬礼的。

他们，一个坐着轮椅，一个推着轮椅，平静地从边陲走来，从坎坷的山路上走来。当道德、良心、义务、责任超越情爱，所有的苦难还原平凡、湮灭平庸，在大爱的海洋中，唱着他们的《约定》；在天安门广场的鲜艳五星红旗下，灿烂如两朵山茶花。

媒体的关注，引来央视不少名嘴，罗金勇最喜欢王小丫。那一次采访极不像采访，仿佛邻里间的一次探望。王小丫是四川凉山州的优秀女儿，罗金勇是云南大理州的剑川男人，两个人的家乡仅隔一条金沙江，当场他们还认了老乡。

王小丫走了，她的"开心词典"却留在了病房中，罗金勇常常学着王小丫的样子，伸出一只手给罗映珍，张开的指头好似在说："请听题。"竖起来的大拇指好像似在表扬妻子："恭喜你，答对了。"

他们还创造性地训练思维，夫妻俩学着李咏的"非常6+1"，将常规训练定为6项，加上的那个"1"，是他们夫妻俩的秘密，一种不为外人知道的默契。

罗金勇最钟爱的节目，是央视12套的《法治在线》。一见到他熟悉的场景，他会下意识地举起右手，向那些战斗在一线的战友艰难地敬一个礼，眼神不再空洞。一见到关于禁毒内容的报道，他会躁动不安，脸红筋胀，头摆动不停。他示意罗映珍拿过小黑板，毫无章法地手指行走，在黑板上东歪西倒拼凑出一句话：康复后再去抓毒贩。

这种情怀的表达，是不好用文字说透的。它代表着一个缉毒英雄的坚强和执著，它代表着罗金勇暴风骤雨般的爱国热情，在伤重的体内，仍然会放射出一道道耀眼的闪电。

△ 罗映珍和罗金勇在天安门前向国旗敬礼

在心理学家那里，这种表达有多种解释。

在医护人员那里，这种表达是意识在逐渐复苏。

每到这个时候，罗映珍会给丈夫一个吻和几句耳语："老公，宝贝，我们共同努力，会有那一天的。你的老婆也是警察了，等着你康复了，我们一起去抓毒贩。"

得到表扬的丈夫，会向妻子敬个礼，明亮而一尘不染的眼睛天真一笑，然后扑向妻子，露出无比幸福状。

→ 处处无家处处家

★★★★★

任何一家医院都有它的极限，特别是对于"康复"，达到当时承诺的目的之后，都得离开。

2009年6月24日，罗金勇结束了在北京宣武医院的康复治疗，回到云南昆明成都军区昆明总医院继续恢复性治疗。云南省公安厅对罗金勇回滇治疗关怀备至，在医院附近租了一套三居室，配齐家具家电和生活用品，做罗金勇的后勤大本营。捆绑在轮椅上的罗金勇，见到穿白大褂的人就敬礼，尽管那军礼显得幼稚、天真、不到位，传达出来的信息绝对真诚可贵，给人一份安慰。

罗映珍一走进这个科室，心头一阵阵发紧——骨髓损伤科。丈夫伤得最重是大脑，支配性神经乱了程序，与骨髓没有直接联系，看来进一步康复，得更多地靠自己。她有些不解，但得服从，要不是政治任务，人家才不愿意收下这位病人。

自从住进6号病房，罗映珍就没离开过这个大院。这对患难夫妻谁也离不开谁，他们互为灵肉。罗金勇是罗映珍的精神支撑，生活的全部内容；罗映珍是罗金勇的生命依附，她一旦不在眼前，罗金勇就拿白眼瞅人，不配合任何治疗，紧紧捏住妻子的任何一样物件不松手。

病房无人语，脉脉情话化作细微从俗的暗示，通透似老夫老妻。罗金勇指一下裤裆，妻子立即为他接尿，接毕用手纸揩尽尿滴，记下这一次尿量多少，色泽怎样。大便就艰难了，丈夫感知迟钝，只好由罗映珍控制，先打进开塞露，然后按摩腹部，细听肠鸣……

日复一日，罗映珍每天6点30分起床，为丈夫洗漱、测体温、打蜂蜜水、推注流质食物、打西药、打中药、打果泥、打淡茶水、打牛奶；扶丈夫站脚板、练脚力、练记忆、练协调、做行走训练、练口腔肌能；给丈夫推拿、按摩、擦身子、泡脚腿……直到23点睡觉。

这觉，罗映珍也睡不踏实。罗金勇不能动弹，翻身、接尿、观察他的呼吸、体温。丈夫一声异样的呼吸，一阵突然升高的体温，都会给罗映珍带来恐惧，她怕他并发症感染、痫病症来临。这样的事经历多次，哪一次都是与死神擦肩而过，使她格外小心。

罗金勇的病床边，有张属于罗映珍的小床。她不能睡不敢睡又不得不睡。长时期的体力透支，罗映珍学会了像猫一样惊醒、迷糊、打盹、小寐。

医院坐落在大观河畔。在大观河与滇池的入口处，有座品位不俗的大观公园。罗映珍想，病房待久了，好人也会闷出病来，何况丈夫重病有年。她决定带丈夫到大观公园转转。医院不准重症病人出大院，有个闪失谁来承担责任？

万般无奈，罗映珍写下保证书。

2009 年 9 月 23 日，罗映珍推着丈夫向大观公园走去。这是一次冒险的尝试，让人想到一个不相干的词：出征！一家大大小小老老少少 9 口人，轮椅上挂满瓶瓶罐罐，吃的用的换的，花花绿绿，彩旗飘飘。3 公里长的河岸车水马龙，人们不看风景就看这队不城不乡的稀奇游客。阳光正好，罗金勇高兴地发出"啊……啊"的欢呼：久违了，太阳！

飘香的公园是色彩的锦绣。罗金勇笑得灿烂无邪，他不知道第三个本命年靠近，自己快 36 岁了；他也不知道这欢乐脱颖于漫长的苦难，拉着妻子要照相，而且要妻子搂着他。这最平常的要求无比神圣，因为他还是意识不清的病人！

游园给罗映珍很多启示：唤醒生命意识是全方位的，绝对不能让大自然的恩赐缺席。这之后，只要条件允许，罗映珍再怎么辛苦都要让丈夫多接近大自然。

他们去大观公园喂红嘴鸥。

他们去听露天歌台的花灯小调。

不曾想，另一场苦难不期而至。

罗映珍的老父亲患了"癌"。一个医院躺着两个病人，他们是她生命中最重要的两个男人，她一个都不能放弃。罗映珍筹措着昂贵的医药费，穿梭于两个不同的病区，身负各种角色，悲凉得找不

△ 罗金勇与罗映珍在大观公园

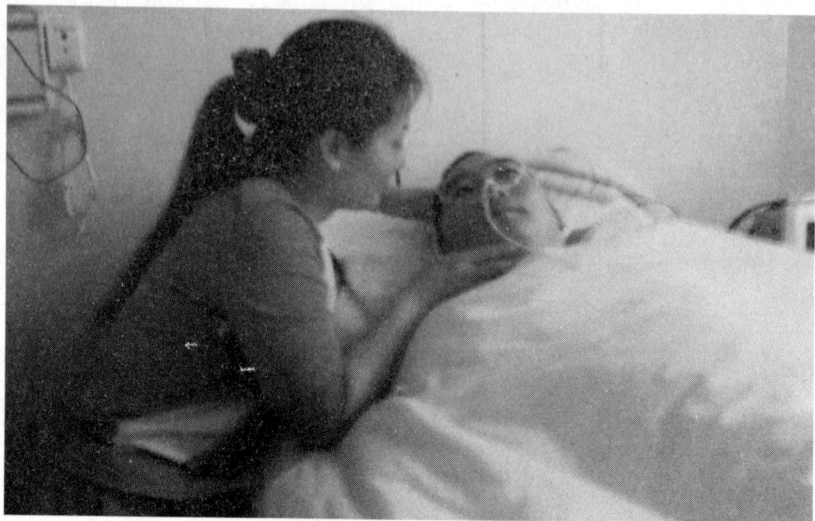

到一个倾诉对象。

在罗金勇的治疗期间，罗映珍先后组织过四个临时"家园"，这是一个个非常特殊的临时家庭。两对父亲母亲，一双侄男侄女，一个表弟，一对夫妻，总共9口人。有人劝罗映珍精减家庭成员，少些拖累。罗映珍只是摇头，这些人，一个也减不了。

先说公婆，那是罗金勇的亲爹娘，劳碌一生已干不动农活。白族有这样的习俗，最小的儿子是养老送终人，他们坚决表示：罗金勇在哪儿他们跟到哪儿。且不说丈夫需要父母亲情，单是自己当年那句承诺："金勇在，我们养老；金勇不在了，我也养你们的老。"再困难她也得管到底。

再说罗映珍的侄女。兄嫂在老家盘田养猪，随时给他们提供生活所需，还抱着个奶娃娃够兄嫂累的，再将小侄女娇娇留在家，他们忙哪头？

表弟也不能减。表弟是姨妈家的长子，跟着他们一路求医5年，已经是个熟练护工，也基本算是个"义工"，70多公斤重的丈夫罗映珍背不动，扶不稳，全靠表弟。大侄是罗金勇大哥的儿子，准

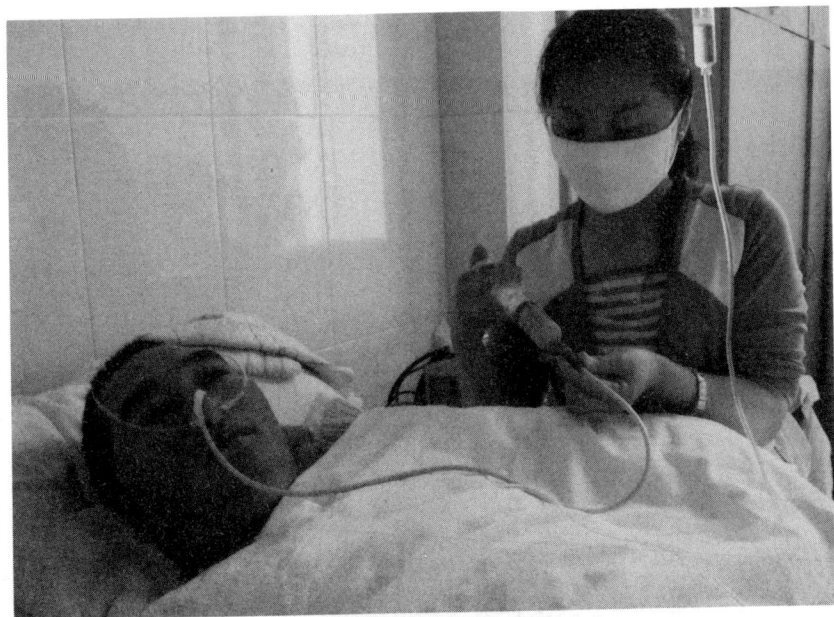

△ 罗映珍在照顾罗金勇

△ 罗映珍的母亲李正美

备把他培养成能替换表弟的帮手，让 28 岁的表弟回老家去说个媳妇，再拖下去，表弟没准会成为婚姻困难户。

李正美是罗映珍的母亲，说来也是老人，但这个家舍她还真找不出挑大梁的人。她是位大德大善、任劳任怨的母亲。女儿、女婿每月工资加在一起不足 4000 元，9 口之家的吃穿用，她得精打细算，几年下来，她已经会像城里老人一样去讨价还价，去货比三家，节约开支。

这一家人的饭好难做。

女婿罗金勇打营养流质，丈夫吃一般流质（下咽部癌，手术失败，现做保守治疗），亲家母初一十五吃斋，一个锅灶做四样饭，一天要分锅灶做 9 到 12 次。李正美每天 5 点起床，做完早饭，背个大背篓准时去小西门等着超市开门。罗金勇的食物绝对要无污染的、绿色有机的，去晚了无货。大众菜好打发，但品种杂、堆头大。她每天肩背手提行色匆匆，成了那条街上一道准时出现的风景。说来，李正美也是在做义工，一做就到七个年头上了，从壮年做到潇潇白发已盈头，她还得继续做下去，什么时候"到站"，她想都没想过。

罗映珍流着泪对我说："我最对不起的人是妈，没有妈的任劳任怨，没有妈的大度宽容，这个临时家庭不知要淘多少气，不知会有多少周折。任何一次慰问，没谁想到过我那老娘，其实她是我和罗金勇最靠得住的人，最得力的依靠。"

这番话罗金勇听懂了，他向我做了一串手势。罗映珍翻译给我的意思是："金勇心疼我妈，说妈累伤了，每天要做 9 顿饭。"

家是什么？家是亲情融融的团聚，家是血脉相连的窝。

病房从来不缺亲人，这对罗金勇的康复，起到积极作用。特别对思维的恢复，效果明显，尽管他思维跳跃，无逻辑可寻，想起什么是什么，诱发什么是什么。他常常无端索要纸笔，写出些不怎么工整的人名：孟苏铁、刘汉俊、陈大爷（陈新钢）……他不知道他们是谁，一律写上"好人"二字。这些人，远远不止这些人，组成了一个关爱的磁场，给夫妻俩无穷的力量。看着这些人名，罗映珍感觉到，一个帮助罗金勇逐步恢复记忆的艰难时刻到了，但她还是不抱乐观态度。

罗金勇常常会从梦中惊醒，伴有不安的烦乱颤抖，疑似癫痫发病前兆。他亢奋、愤怒、拼搏、挣扎……并不连贯的细节提醒罗映珍，罗金勇的记忆定格在那场血腥的搏斗中，他梦到旧街坝了。跳不出苦难的记忆，罗金勇的思维只能披枷戴锁。转移他的思维，只能依靠罗映珍去努力完成，现阶段当然要从调整开始，这事急也没用。

罗映珍仍然坚持写日记。断断续续的心语罗金勇还看不懂，更多的时候，她用实物刺激丈夫的感觉。每天安排一定时间翻看老照片，那是一册罗金勇的成长纪实；回放探视录像，那是社会对英雄的崇敬、关爱、祝愿。一放到感动的画面，罗金勇会努力做出笑容，再努力发出笑声，用手去抚摸画面做依依不舍状，这样就好！

罗金勇渴望有个孩子，罗映珍何尝不想做母亲。但是，这个愿望目前还不能实现，人工授精也不行，人工授精也得至少停药半年，就金勇的状况，停药等于前功尽弃。为满足罗金勇的心愿，凡有探视者带了孩子来，罗映珍就让丈夫亲昵孩子，合影留念。一张张合影非常生动，状态美好，罗金勇幸福无边，一手搂一个：他儿女双全。

2010 年 9 月 22 日，罗金勇清楚地记得今天是中秋节。喜气洋洋地拿起剃须刀，在嘴边胡乱转，他想把自己打扮清爽精神些。他的动作准确性差，胡子被弄得很顽皮，像孩童胡扯乱拔的草地。罗映珍为他修整干净，还抹了"香香"，换了衣服。

罗金勇在等待过节，病房在迎接中秋。

前一天，省公安厅领导来慰问，带来两盆仙客来，还有月饼、水果。仙客来红，万年青绿，月饼圆。两只可爱的布老虎卧在红绿间，温柔可爱。老虎是罗金勇的吉祥物，他属虎。一时喜庆鲜亮，节日的气氛浓浓的、暖暖的、馨馨的。

能回家过节的病人都被亲人接走，住院大楼显得有些冷清。下午6时半，老岳母背着她天天不离身的大背篓，浩浩荡荡率领着全家，还有在昆明打

△ 罗金勇与探视者的孩子合影

工的亲戚,笑逐颜开,鱼贯而入。病房席地摆开七碟八碗十几双筷子,酸的辣的蒸的煮的,还有饮料和红酒:干杯!

从 2009 年 7 月 18 日起,医生怕罗金勇的食管和气管交叉受损,将他的一日五餐由口食改为胃管推注。看着满地的家乡美食,罗金勇从轮椅里站起身来,宣言般地写下四个字:我要吃饭!

当众人离去,月光悄悄地走进了病房,停留在那棵万年青树上,罗映珍的心中泛起一阵阵酸楚,这棵万年青是有故事的。

罗金勇也知道心疼万年青,白天还抚摸着树叶,示意妻子:喂水!

万年青承载着罗映珍对上苍的祈求,对生命的期待。

"我要吃饭!"让罗映珍为难了。

总医院的专家们,都为罗金勇的康复治疗用心尽力,特别是两年来十余次肺部感染的控制,及时稳妥,令她感激不尽。咽食功能要恢复,那是另一种专业,就目前情况,昆明总医院没有这样的科室。专家们不止一次向罗映珍表达了这层意思,再提过分要求,她说不出口。为了不让丈夫咽食功能萎缩,她每天替他清理口腔,让他咬纱布练习咀嚼;保护牙齿不因长期"下岗"而不再灵活,"磨牙"活动痛苦而无味,好样的丈夫很听话,主动坚持如老鼠磨牙状,让她难受也让她感动。

这个家,罗映珍是定力,一切大主意,老老小小都等待她定夺。如何达到"我要吃饭",罗映珍开始了又一场寻找。她拒绝了多家媒体采访、现场做节目的愿望,甚至没有去北京参加胡锦涛总书记接见"双百人物"、登天安门城楼观光建国六十周年庆典大礼、到场亲身感受上海国际博览会揭幕盛典。她对一切荣誉都低调、淡然，表现出了灵魂鏖战后的成熟，怀着一颗感恩的心，感谢全社会把她从封闭的病房中淘金一样淘了出来，她要对得起全国人民给她的定义：真爱无悔！

病房就是家，家有病人，她一刻也离不开。

2011 年夏季，她看到了另一种可能。

原北京宣武医院罗金勇的主治医生潘钰，专程

△ 病房里的中秋节

△ 2009年10月27日，罗映珍陪罗金勇度过了他在病房里的第五个生日

来总医院看望令她敬佩的夫妻。潘钰现在已经是北京市康复医院副院长，接触面广，信息资源丰富，她答应罗映珍的托付，积极广泛地收集关于康复咽食肌能的专家和医院。

反馈很快传来：广州中山大学附属第三医院的窦祖林医生，就是这方面的专家。窦专家借讲学机会，到总医院为罗金勇做了初步检查，认为罗金勇恢复咽食功能的希望还有，但这个过程相当漫长复杂，不可能做远程治疗，得系统配合，这门专科，恰恰是广州中山大学附属第三医院的强项。

又得转院。

这次转院难度很大，是病人家属提出来的，而不是医院方面要求的。治疗善款早已告罄，相当大

△ 罗映珍接受央视采访

的一笔医疗费用得从地方财政中开支，方方面面的协调，罗映珍将那些申请写得谁见谁动容。广州在他们心目中没有概念，又一次远行又一次漂泊，没有当地公安厅的帮助，他们如何去克服那些不可预料的困难？

经过先后半年的努力，基本确定了转院事宜。

罗映珍做好了一切准备，大包小包行李，老老

△ 全国道德模范奖章

少少一群亲人，她有信心漂泊异乡，去建立又一个（第五个）临时家园。

前一天下午，和罗映珍在病房聊天，她说了许多肺腑之语：

感谢罗金勇为我活着。

感谢全社会对我们的支持帮助。

作为一个民警，我不合格，一天职都没有尽，甚至没到过分配我去的那个单位，我愧对"民警"这个称号。说死我也只能算个警嫂，"警嫂"这个称谓我问心无愧。只要金勇能一天天好起来，能带着他去上班时，我会加倍努力，答谢社会。

➡ ## 我们衷心祝福这对夫妻

★★★★★

本书即将完稿，我选择了一段罗映珍唯一到场的一次全国性颁奖晚会上，央视节目主持人敬一丹的一段开幕词为此书暂时画上一个句号。

大爱无声。是你们，用人间的大爱，诠释着生活的真谛；用人间的至孝，显示着超越平凡的勇气。无论天荒地老，无论沧海桑田，是你们的一颗颗赤子之心，见证了中华五千年血脉相随的道义——向你们致敬！

△ 2007年罗永珍被评为"全国模范公安民警家属"

后　记

此情绵绵无尽期

可以这样说：没有罗金勇，就不会有罗映珍；没有罗映珍六年半来的坚守，就没有罗金勇一天天好起来的希望，也许他早就化成一座丰碑，一颗边陲的星座。

为罗映珍单独写一部"传"，我以前没有想过；为夫妻俩写一部书，四年前我就做了，社会反响不错。从资料积累到现场感受，我走遍了两人曾经生活过、工作过的山山水水，其中还到过两次紧连永德的缅甸；去过他们从抢救生命到康复治疗的各个医院，接触和采访过的人不下百余，上到首长下到草民。素材积累中，对我个人冲击最大的是感情积累，一步步深入下去，我的角色发生着转换，走进去我已出不来，矫情的说法是"用情太深"或者太多"投入"。我接触他们夫妻已五个年头，他们从不接受采访到叫我"黄妈妈"，是真心相待的结果。在给我的贺卡上，他们写着："衷心感谢你多年来如同对自己儿女一样关心疼爱着我们，有你的真心爱护，使我们的康复之路增添了一份温暖和力量，这份情谊将永远荡漾在心里——爱你的金勇、映珍敬礼！"

贺卡上，还为我画了个笑脸。

为他们书写人生，我责无旁贷，但如何写这部《罗映珍》，我有些犯难。在不少褒扬罗映珍的文章里，都把她定位为"贤妻"，分离了罗映珍最出色的八年敬业，八年职场中的锐气，这对罗映珍不公平。罗映珍是职业女性，而不是农村妇女。

传统心态概括不了罗映珍。

几番思索，进一步地磨合，多次在病房中交谈，我与罗映珍达成共识。她拒绝了众多要为她写书写电影的高手，选择我来为她代言心声，给了我力量也给了我压力。此书，我为罗映珍加了她性格形成的土壤、事业艰难中的意志（写我要让熟悉我的人看了觉得是我——罗映珍语），人物就客观而丰满得多。

一个人的性格，形成于少年，养成于青年，定格在突发灾难中，完整于长期坚守里，大致不错。罗映珍初涉人世就有超出同龄人的早悟，做什么都"一根筋"，追求完美，追求真善。

罗映珍生长的那块土地实在太偏僻，她没有被社会沉没，另一个背景也很重要，她的丈夫是禁毒英雄。写到此，请允许我多说几句。

禁毒在云南具有特殊性和重要性，长期以来是一场没有硝烟的战争。云南紧邻毒品泛滥的"金三角"，4060公里的国境线上，云南人民为禁毒奋斗了170余年之久，成为全国禁毒斗争最前沿和主战场。为此所付出的代价，比任何一次政权交替和领土变迁之战还要惨重，还要漫长，还要令人痛心疾首。云南的禁毒民警，长期以来在血火交融中一不怕苦二不怕死，他们正气凛然，舍身舍命终不悔，用崇高的信仰书写壮志春秋，仅1990年以来，云南省就有400多名民警殉职，

5000 多名民警负伤；天天流血，月月牺牲。

罗金勇是这支英雄队伍中的精英。

罗映珍在用真情用心血用意志拯救罗金勇的同时，夫妻情感中何尝不带着对正义事业的崇敬，这就给中国传统女性的道德底线，打上了一缕金色的阳光，分量更重。罗金勇孤身擒毒犯生命垂危那年，罗映珍才 25 岁，正是花样年华。至今七个年头，将一个女人最美好的时光全部奉献给了挽救生命的全过程。她终止了如日中天的事业，放弃了一个正常女人所期待的温存，充当着多种角色。

面对各种各样的难题，特别在协调多种关系，争取丈夫能得到更有利的康复，更多的照顾，她坚持不懈地努力做着，而且做得极好。谁也没去过多地设身处境，掂量她内心那份无奈和愧疚，甚至还有旁人所代替不了的委屈和不安。

罗映珍的心态还停留在 25 岁。她的那种单纯、干净、安稳，与悄悄上顶的白发和眼角的丝丝皱纹极不相宜。看着她一天天地憔悴，我很心痛，大家也一样不忍。她所彰显的精神力量，是当今这个物欲横流、浮躁情绪在普遍张扬个性的现实中，最为稀缺的原始情感。所以，罗映珍感动着全国人民，连吸毒者都被感动而伸出援手。

在此，摘录几段网上留言，以飨读者。

背时老汉：

英雄事迹，催人泪下；伉俪情深，千古流芳。在两个人身上都能看到人类最伟大的情感和品格，那是对祖国和爱情的忠诚与奉献。

千湖之乡：

他们的故事催人泪下。在这样的现实面前，有多少人都会另找个"潜力股老公"去嫁给他。但罗映珍女士却选择了真爱，也无私地奉献了她的真爱，着实令人钦佩！

渭河飞狐：

夫妻二人都是我们社会需要的英雄，他们不但弘扬了中华民族的传统美德，更集中体现了当代中国的时代精神，成为新时期践行社会主义荣辱观的优秀典型。

南飞雁：

我读过许多名人的日记，也曾获益匪浅，可我要说，罗映珍的日记是最伟大的日记，是真正的爱情诗篇和人格颂歌。我听过许多人的歌声，也曾当过无数次"粉丝"，可我要说，罗映珍的歌唱是最震撼人的，虽然只有一个听众，还是毫无感觉的植物人，可在病房之外，她却有千万个"粉丝"，我们在心里为她鼓掌、喝彩。

新华网友：

也许在这个追求个性、讲求自我的年代，这样为爱相守并不需要太多的提倡，但如果我是罗金勇且有知时，我会为这样的妻子、这样的爱而此生无悔。这种爱将感天动地、穿越时空，用情在人们心中写就一个"爱"字！

爱你一万年：

阿勇，早点醒来吧，为了我那可怜的妹妹！

一个曾经受过感情伤害的男人：

罗映珍，你若在一棵树上吊死，并不明智，只有今生而无来世。别流泪，莫悲伤，只要你呼唤我一声，给我一个机会，我一定随唤随到。我虽不能还给你一个完好如初的罗金勇，但我保证能还给你一个健全的家庭。

胡子禁毒网页：

过去在偶然机会下，我接触到了新型毒品，从那时起也开始了一段最阴霾的人生道路。现在我终于走出阴霾，希望能做一个禁毒自愿者。

禁毒万里行车队到云南时，我们前去探视罗金勇，见他睁开双眼直直地望着天空，鼻子和食道上插着管子，守在床边的是他的爱人。我们实在无法将缉毒英雄罗金勇，与眼前病床上这个植物人联系在一起。禁毒万里行车队一行40名队员，让我们带去3300元表示对这对夫妻的尊敬和慰问，我们表示，回北京后一定帮助罗映珍找专家会诊，让我们的英雄站起来。

……

今天，罗映珍来到北京，我们已经约好，明天一同去天坛医院找专家会诊。我们会努力的，无论结果如何，这是我们应该做的。为了将罗金勇的事迹和罗映珍的经历留在网上让更多的人了解普通人—警察—缉毒—英雄—受伤—植物人等等，我们来到速记公司，让罗映珍口述，我来提问，最后留下36页纸的内容。在与罗女士的聊天中，感动的不止是我和一直在一起的章鱼，速记员都多次停下手来揩眼泪。我尽力用平常之心与她聊，再一次被感动的不是他们的英雄事迹，而是那些他们生活中的平凡之处。

他们：一个平常善良的人，一个热心老实的人，一个见义勇为的人，一个不曾花前月下的人，一个有梦但毫无奢望的人。

晚8点飞机就要离开北京了，罗女士一心只想快点回去，因为不放心她的爱人。这两天是她的母亲和哥哥在照顾罗金勇。傍晚我和我的爱人还有章鱼一同送走了罗女士。

回来的路上，我们一起谈的话题只有一个：珍爱生命，远离毒品！

……

我写此书极其较真。私下揣想，为一位32岁的当代女子写传，应该有一副适合人物时代的气氛、人物特点的基调和文字。罗映珍还很年轻，她今后的路还很长，不可预料的不确定因素难说，此书不可能全按"传"的要求呈现完整面貌。

将罗映珍写成一个现代版的节妇，不合适也不应该，怎么把握这个"度"，比采访和收集素材还难。力求尽可能在真实中展现一个个片段画面，有闲文但无闲笔。

眼下是网络时代，让更多的人静下心来读书，已成奢侈。但我还是希望在为数不是太多也不可能太多的读者面前，能有以下几种反应亦感激不尽：

公安战线的人，读它有种熟悉的亲切；

恋爱中人，能得到一些心理观照；

婚姻已感疲劳之人，不妨多回忆曾经的美好；

面临困境的人，多一些渡难关的勇气。

100位

新中国成立以来感动中国人物

丁晓兵　马万水　马永顺　马恒昌　马海德　中国女排五连冠群体

孔祥瑞　孔繁森　文花枝　方永刚　方红霄　毛岸英

王　杰　王　选　王　瑛　王乐义　王有德　王启民

王进喜　王顺友　邓平寿　邓建军　邓稼先　丛　飞

包起帆　史光柱　史来贺　叶　欣　甘远志　申纪兰

白芳礼　任长霞　刘文学　刘英俊　华罗庚　向秀丽

廷·巴特尔　许振超　达吾提·阿西木　邢燕子　吴大观

吴仁宝　吴天祥　吴金印　关登云　宋鱼水　张　华

张云泉　张秉贵　张海迪　时传祥　李四光　李春燕

李桂林和陆建芬夫妇　李素芝　李梦桃　李登海　杨利伟

杨怀远　杨根思　苏　宁　谷文昌　邰丽华　邱少云

邱光华　邱娥国　陈景润　麦贤得　孟　泰　孟二冬

林　浩　林巧稚　林秀贞　欧阳海　罗映珍　罗健夫

罗盛教　草原英雄小姐妹　赵梦桃　钟南山　唐山十三农民

容国团　徐　虎　秦文贵　袁隆平　钱学森　常香玉

黄继光　彭加木　焦裕禄　蒋筑英　谢延信　韩素云

窦铁成　赖　宁　雷　锋　谭　彦　谭千秋　谭竹青

樊锦诗

图书在版编目（CIP）数据

罗映珍 / 黄晓萍著. -- 长春：吉林文史出版社，
2012.7（2022.4重印）
（100位新中国成立以来感动中国人物）
ISBN 978-7-5472-1147-2

Ⅰ．①罗… Ⅱ．①黄… Ⅲ．①罗映珍－生平事迹－青
年读物②罗映珍－生平事迹－少年读物 Ⅳ.
①K828.5-49

中国版本图书馆CIP数据核字（2012）第171770号

罗映珍

LUOYINGZHEN

著/ 黄晓萍

选题策划/ 王尔立　责任编辑/ 王尔立　李洁华　任玉茗
装帧设计/ 韩璘
出版发行/ 吉林文史出版社
地址/ 长春市福祉大路5788号　邮编/ 130118
电话/ 0431-81629363　传真/ 0431-86037589
印刷/ 天津海德伟业印务有限公司
版次/ 2012年8月第1版 2022年4月第4次印刷
开本/ 640mm×920mm　1/16
印张/ 9　字数/ 100千
书号/ ISBN 978-7-5472-1147-2
定价/ 29.80元